ÉCRIRE UN LIVRE À SUCCÈS

©2021. EDICO
Édition : JDH Éditions

77600 Bussy-Saint-Georges. France
Imprimé par BoD – Books on Demand, Norderstedt, Allemagne

Réalisation et conception couverture : © Cynthia Skorupa

ISBN : 978-2-38127-160-6
Dépôt légal : mai 2021

Le Code de la propriété intellectuelle n'autorisant, aux termes de l'article L.122-5.2° et 3°a, d'une part, que les copies ou reproductions strictement réservées à l'usage privé du copiste et non destinées à une utilisation collective , et d'autre part, que les analyses et les courtes citations dans un but d'exemple et d'illustration, toute représentation ou reproduction intégrale ou partielle faite sans le consentement de l'auteur ou ses ayants droit ou ayants cause est illicite (art. L. 122-4).
Cette représentation ou reproduction, par quelque procédé que ce soit constituerait une contrefaçon sanctionnée par les articles L. 335-2 et suivants du Code de la propriété intellectuelle.

Jean-David Haddad

Écrire un livre à succès

JDH Éditions
Baraka

À Cynthia
À Yoann
À Clémentine
À Nathalie
À mes auteurs

Merci à vous de donner vie à cette formidable aventure !

Avertissement

Ce livre s'adresse à tous les auteurs, édités ou autoédités ; aux auteurs chevronnés comme aux nouveaux auteurs ou même aux potentiels auteurs ; aux jeunes auteurs comme aux personnes retraitées voulant se mettre à écrire ; il s'appuie sur le modèle français dans son organisation, mais les stratégies et tactiques présentées sont universelles.

Le livre est abordé dans son ensemble, le propos ne se limite pas aux romans. Seront concernés les auteurs de romans, d'essais, de livres pratiques, pédagogiques, spécialisés, etc.

La collection Baraka est une collection dans laquelle des auteurs vous livrent, à travers leurs propres expériences, les recettes du succès dans un domaine particulier. C'est dans cet esprit que cet ouvrage est rédigé.

Le livre est un média. C'est un média qui traverse le temps, qui survit aux modes. C'est grâce à un livre que Soljenitsyne a fait découvrir au monde l'horreur du Goulag. C'est grâce à un livre que des auteurs comme Hugo, Balzac ou Zola ont immortalisé leur époque et sa condition sociale. En écrivant un livre, vous serez un porte-flambeau. Le témoin d'une époque. Vous serez, sans vous en rendre forcément compte, une femme ou un homme de média.

Jean-David Haddad

AVANT-PROPOS

Le confinement, qui sera peut-être bientôt un lointain mauvais souvenir de la mémoire collective et des mémoires individuelles, a accéléré l'envie d'écrire des Français. Et d'ailleurs, pas seulement des Français.

Écrire, c'est bien… Vendre ses livres, c'est mieux ! C'est en tous cas ce que pensent beaucoup d'auteurs, qui se demandent pourquoi, au bout de plusieurs années à publier des livres, ils n'ont toujours pas rencontré le moindre succès.

Mais qu'est-ce que le succès, sinon une notion subjective ? Pour l'un, ce sera tout simplement d'être lu, peu importe que ce soit par dix ou dix mille personnes… Pour l'autre, ce sera de passer sur les plateaux TV et d'aligner les milliers de ventes au compteur… Et pour un troisième, ce sera d'être publié par un éditeur connu, de voir son livre cité par des personnes influentes, bref, d'avoir la reconnaissance de personnes et d'institutions reconnues.

Il y a autant de visions de succès que vous serez de lecteurs de ce livre. Aussi, pour mettre tout le monde d'accord, je prendrai la définition du succès donnée par le Larousse :

- Résultat heureux obtenu dans une entreprise, un travail, une épreuve sportive, etc. : *Ses efforts ont été couronnés de succès.*
- Faveur, audience accordée par le public : *Un chanteur qui a du succès.*
- Œuvre littéraire, film, roman, etc., qui rencontre la faveur du public : *Écouter le dernier succès du chanteur.*

L'idée générale de cette définition est que votre livre rencontre du public, ce qui sous-entend qu'il se vende à de nombreux exemplaires et pas seulement à

une cinquantaine, et qu'ensuite, il plaise au public en question, qu'il en ait la faveur.

Ce succès peut passer par les médias, mais cela n'est pas obligatoire, c'est une des voies vers le succès que nous verrons ensemble.

Je vais donc vous dévoiler, dans ces pages, à travers mon expérience, comment amener votre livre au succès, ce qui fera de vous, forcément, un auteur à succès.

Avant toute chose, il faut bien connaître et comprendre le monde du livre dans ses grandes lignes, cela est très important pour ne pas se tromper de combat. Car un mauvais choix au départ conditionne le succès ou l'absence de succès. Ensuite, nous parlerons de stratégies générales pour aller vers le succès avant d'aborder plus concrètement les tactiques, donc les aspects plus pratiques que vous devrez mettre en œuvre. Je prendrai bien soin de distinguer les différentes catégories de livres, car écrire un livre sur la bourse n'est pas du tout semblable à écrire un roman. **Et le succès de l'un n'empruntera pas les mêmes voies que le succès de l'autre, même s'il y a des passages obligés pour tous.** J'ai la chance d'avoir écrit aussi bien du roman que de l'essai, ou encore du livre sur la bourse et sur l'économie. Et surtout, d'avoir édité des auteurs ayant rencontré un gros succès, me permettant de vous livrer leurs « recettes ».

Mais au préalable, je vais vous parler de moi. Car après tout, qui suis-je pour prétendre vous guider dans ce monde du livre ? Qu'y ai-je accompli ? Un parcours semé de réussites, et d'échecs, dont j'ai su tirer les leçons.

J'écris des livres depuis 1997. J'ai écrit 22 livres en tout (celui-ci compris). Pour plus de 35 000 ventes cumulées. J'ai été directeur de collection chez une grande maison d'édition et suis éditeur depuis 2017 ; j'ai publié près de 150 livres, pour un nombre de ventes cumulées de plus de 60 000. Je suis à l'origine, en tant qu'éditeur, d'un livre qui dépasse les 10 000 ventes en deux ans : un véritable succès !

Je suis donc en tout à l'origine de 100 000 ventes environ (livres que j'ai écrits plus livres que j'ai dirigés et enfin livres que j'ai édités), ce qui me confère, je pense, une légitimité pour vous guider vers le succès livresque ! Sur les 22 livres que j'ai écrits, j'en compte 7 « chez moi », 3 en autoédition, 1 à compte d'auteur, 1 chez un petit éditeur, et 10 chez de « grandes maisons ». La variété de mon expérience d'auteur me permet, après quasiment 25 ans de carrière, de m'adresser à tous les auteurs, de tous les genres, ayant moi-même publié différents genres (2 romans, 4 essais, puis des livres spécialisés, pédagogiques ou des guides pratiques).

Je vais donc commencer par vous relater ce parcours, qui déjà vous aidera à comprendre les premières voies du succès littéraire.

INTRODUCTION

**Mon parcours dans le monde du livre :
les leçons de mes succès et de mes échecs**

Comme beaucoup d'entre vous qui lirez ce livre, j'ai toujours eu envie d'écrire.

Mon père, homme du début du vingtième siècle, épicurien dans l'âme, collectionnait les cigares, les bons alcools et les livres. Le trio gagnant de l'épicurisme passé. Je voyais, étant enfant, cette belle bibliothèque sous laquelle s'évaporaient les fumées. Et ces grands classiques qui trônaient, aussi bien les Zola, Balzac, Maupassant, Hemingway, que les livres de son époque : *La Bible arrachée aux sables*, *L'Archipel du Goulag* et, plus tard, *Messiada*, qui m'a donné envie d'écrire.

Mais quand on a un bac S, qu'on poursuit par des études scientifiques… puis des études d'économie, rien n'est fait pour vous inviter à écrire… Sauf à écrire des livres universitaires, mais à mon époque, et d'ailleurs même toujours aujourd'hui, un étudiant ne peut pas marcher sur les plates-bandes de ses profs.

C'est donc à l'aube de la trentaine, fin des années 90, que j'ai commencé à écrire. Et donc à fréquenter le milieu des éditeurs.

D'abord, le jeune professeur que j'étais, passionné par son métier d'enseignant, bien plus qu'aujourd'hui (merci rouleau compresseur de l'uniformité made in Éducation nationale), a voulu écrire un livre d'économie parascolaire pour ses élèves. Mon concept était original et novateur ; j'ai trouvé preneur chez Larousse-Bordas ! Un éditeur si renommé pour commencer… Quel bonheur pour le jeune homme que j'étais !

Alors je me suis mis à voir grand… C'était l'époque où Jostein Garder publia en France *Le monde de Sophie*, un livre déjà à l'époque best-seller international. L'auteur norvégien avait réussi à vulgariser la philosophie au travers d'un roman ! J'ai voulu l'imiter pour l'économie. Car le succès peut parfois être généré par l'imitation, ou plutôt la transposition. Il a appelé son héroïne Sophie (PhiloSophie)… Qu'est-ce qui ressemblait à « économie » ? Nomie n'étant pas un prénom très vendeur, celui qu'en rapprochait était Noémie. J'ai donc écrit un roman avec une héroïne prénommée Noémie. Et le nom du roman : *Noémie au pays de l'Éco*. Cela sonnait bien, me disais-je… Lu par Grasset… Sur les recommandations d'une collègue qui connaissait le directeur littéraire de cette imposante maison, Yves Berger. Ce dernier me donna personnellement plusieurs conseils, me suggéra de notables améliorations… et un changement de titre. Il voulait l'appeler « *Le billet de loto* », car ce livre racontait l'histoire de ma fantasmagorique grande jeune femme qui gagnait au loto et mettait alors les pieds dans les méandres de l'économie qu'elle découvrait à ses dépens. Je m'obstinais à ne pas suivre les conseils de ce monument de l'édition française qu'était Yves Berger, à vouloir garder mon titre, et un style qui était trop scolaire, trop académique… Et au final, le livre ne fut pas publié par la maison aux livres jaunes. Car je me suis entêté à aller dans un sens qui, selon l'éditeur en question, n'était pas le bon.

Je tentai alors des dizaines d'éditeurs : refus, refus, refus… L'on m'interrogeait sur mes capacités à faire connaître le livre. Vu que je n'étais pas connu, je ne savais que répondre ! On n'était qu'à la fin des années 90, et pourtant, les éditeurs demandaient déjà aux auteurs de leur parler de leur notoriété. Obstiné que j'étais à vouloir à tout prix publier ce texte, le roman en question a fini à compte d'auteur. Erreur de débutant. Erreur d'un débutant grisé par son premier livre à succès publié chez Larousse-Bordas (plusieurs milliers de ventes, mais il s'agissait de parascolaire, et le succès que vous rencontrerez dans un domaine ne sera pas systématiquement transposable dans un autre domaine ; ainsi, un succès dans le parascolaire n'était pas transposable dans la littérature). Je ne citerai pas la société qui a édité *Noémie au pays de l'Éco*, car aujourd'hui, je n'en suis pas fier. Il a fallu payer 20 000 francs et acheter 500 livres… En revanche, ils ont fait la couverture exactement comme je la voulais, avec la police que je voulais… J'étais un client. Normal : je payais. Mais en face, ce n'est pas ce qu'on peut appeler une « maison d'édition ». Juste un prestataire qui fait son chiffre sur les rêves et l'égo des auteurs. Cette Noémie a réussi à convaincre, avec mes efforts, une bonne centaine d'acheteurs, et le stock restant, je finissais par l'offrir à mes différents élèves. Aujourd'hui, plus aucune trace de ce livre, et ce n'est pas plus mal.

Cet échec m'a fait comprendre que je n'étais pas un professionnel du monde du livre et que les conseils des éditeurs sont souvent les bienvenus, car ce sont des professionnels qui savent mieux qu'un auteur en herbe ce qui est bon pour le parcours commercial d'un livre.

Dès l'année suivante, alors que le nouveau siècle pointait le bout de son nez, je m'étais dit que *Noémie au pays de l'Éco* était un coup d'essai ; mais le coup d'envoi devait être un livre qui allait davantage me caractériser. Aimant imaginer l'avenir, le monde de demain, je voulais écrire un roman d'anticipation se déroulant sur l'ensemble du vingt-et-unième siècle. L'histoire d'un enfant né en 2000… Racontée en 2100 par cet enfant alors devenu vieillard. Je m'y suis mis. Des heures, des jours à créer mes personnages, à les faire évoluer, à imaginer les situations, les dialogues tels que les gens pourraient en avoir en 2100, et surtout à imaginer le déroulé du nouveau siècle. L'intrigue se déroulant sur une ville flottante au milieu du Pacifique : *Pacifica*. J'avoue que dans mes anticipations, je suis passé à côté du COVID, mais j'avais parlé d'un président dont le nom de famille commencerait par un M ! Pur hasard, je l'admets… Comme pour *Noémie au pays de l'Éco*, j'ai envoyé mon texte aux grandes maisons d'édition, aux moyennes, et à quelques petites… Cette fois, c'est Albin Michel qui le trouvait intéressant, mais pas assez long, et bien sûr, mon CV ne laissait pas augurer un très gros potentiel commercial, car j'étais toujours, à une trentaine d'années, un illustre inconnu. J'ai finalement été sélectionné par un petit éditeur nantais, Sol'Air, qui m'a juste demandé d'acheter une centaine de livres, ce que j'ai fait, en me promettant qu'il allait m'aider à les vendre. Promesse tenue. Les 100 livres achetés lui ont assuré son fonds de roulement ; quant à moi, j'ai été invité sur divers salons auxquels participait ce petit éditeur. Mieux que ça : des flyers ont été réalisés par l'éditeur en question, ont été distribués, et mon livre s'est fait connaître dans la région de l'éditeur, où il avait pignon sur rue… Tant et si bien qu'un morceau du livre a été joué par un théâtre amateur à Nantes ! Quel plaisir… Quelle délectation cela fut de voir mes personnages sur une scène ! Les répliques sorties de mon imagination prononcées sur une scène de théâtre… De fil en aiguille, de radios locales en journaux locaux, *Pacifica* s'est vendu à 2 000 exemplaires environ, ce qui, à l'époque, était un beau score. Je vous le dis : ce serait aujourd'hui un très beau score ! Je n'ai certes pas gagné 3 ans de salaire avec ce livre, je ne suis certes pas passé au JT de TF1, mais j'ai eu le sentiment d'avoir connu le succès, ou au moins un début de succès. Voir ses personnages sur scène, dédicacer à des salons, passer dans quelques médias, et au final aligner 2 000 ventes : oui, ce fut un succès !

Pacifica fut donc pour moi un succès, qui me laissait entrevoir une carrière d'écrivain naissante. Il me fit oublier l'échec de l'année d'avant.

L'année suivante, mon goût pour l'anticipation, ainsi que mon autre carrière naissante, celle d'économiste, grâce à des articles dans des revues spécialisées, m'ont naturellement orienté vers la bourse, qui est devenue d'un coup une vraie passion. Nous sommes en 2000-2001. Une époque où les particuliers ne juraient que par la bourse, bulle internet oblige. Puis explosion de cette bulle spéculative : autant de fortunes virtuelles déconstruites en quelques semaines. De rêves évaporés. Et d'un coup, les attentats du 11 septembre 2001… le krach boursier qui a suivi… des particuliers démunis, ne sachant que faire, et face à eux, une presse financière d'un autre temps. Passionné de bourse que j'étais devenu en très peu de temps, tentant de comprendre les mécanismes du marché à l'aune de mes réflexions d'économiste, je me suis décidé à me lancer dans l'information boursière. Il y avait une forte demande de jeunesse, d'un éclairage nouveau, plus intuitif, plus économiste, plus sociologique, moins technique, moins financier. Avec des associés, avec l'aide de partenaires qui ont cru en mon projet, j'ai créé un média en ligne, *Francebourse.com*, qui, en très peu de temps, est devenu une référence pour les particuliers qui investissent en bourse. De l'info, des interviews, des recommandations, un service audiotel… Je me suis fait connaître dans ce milieu. Émissions radio, TV, passage dans la presse (pas toujours très tendre avec moi, vu que j'étais un concurrent)…

Restant bien entendu passionné par le livre, j'ai voulu écrire un ouvrage sur la bourse. J'ai pris mon téléphone, j'ai appelé les éditions Gualino (désormais intégrées au groupe Lextenso, spécialiste des domaines juridique et financier) et suis carrément tombé sur monsieur Gualino, qui m'a déroulé, à ma grande surprise, le tapis rouge, alors que je n'avais pas le moindre texte en main ! Juste quelques projets. Mais c'est normal : *Francebourse.com*, dont j'étais rédacteur en chef, était la valeur montante de son secteur, avec une très belle audience… Donc, j'étais un auteur intéressant, voire très intéressant ! **De nos jours, un éditeur connu recherche un auteur qui a de l'audience. Il privilégiera un auteur ayant beaucoup d'audience à un auteur n'en ayant aucune, mais qui a un excellent texte.** Si vous avez une forte audience, même sans texte, un éditeur pourra vous passer une commande ! La preuve par mon exemple…

Un éditeur n'est pas un mécène, mais un chef d'entreprise qui doit faire tourner cette dernière : des salariés à payer, car c'est un métier très consommateur de ressources humaines, des locaux à financer, des déplacements, des restaurants, de la publicité, des outils internet à entretenir… Tout cela a un coût. Il m'a donc paru normal, à ce moment-là, étant moi-même devenu chef d'entreprise, que **mon éditeur doive s'appuyer sur moi pour faire des ventes…** Tandis qu'il ferait la couverture, choisirait le titre, la mise en page, aiderait de son côté à parler du livre, etc.

En un an, je n'ai pas écrit un mais deux livres sur la bourse ! Le premier, *Quand j'ai commencé à gagner en bourse, personne ne m'a cru*, s'est vendu à 4 000 exemplaires, et le deuxième, *Le penny-stock trading*, a véritablement fait un carton plein. Une bonne quinzaine d'années après, je n'ai plus les chiffres en tête, mais il me semble que j'ai dépassé les 8 000 ventes, réparties sur deux versions (une première édition et une réédition actualisée). Ce qui classe le livre dans les best-sellers de sa catégorie. Mes lecteurs se sont rués sur ce livre, et j'avais à cette époque une des plus belles communautés dans le milieu des « boursicoteurs »… Je crois que le sous-titre a fait mouche : « *L'art de gagner beaucoup en misant peu* ». Un sous-titre peut avoir une grande importance ! Parfois plus que le titre, car il a un contenu explicatif.

Ces deux livres m'ont aussi amené de nouveaux abonnés à *Francebourse* ! **Beaucoup de gens m'ont connu grâce au succès du livre, car un succès, cela fait boule de neige, et même si vos premiers lecteurs sont ceux qui vous connaissent, le succès amène le succès…** Par le bouche-à-oreille, mais aussi par la notoriété, tout simplement ! **Les bons classements sur Amazon attirent le monde, comme c'est le cas pour une boutique pleine par rapport à une boutique vide.** Vous choisissez la boutique pleine sans même vous poser de questions. Sauf peut-être en période de Covid, et encore !

Les livres étaient pour moi à la fois une source de revenus, une source de notoriété et un plaisir. J'ai donc continué d'écrire sur le domaine financier. Mais avec la crise de 2008, mes livres se vendaient de moins en moins. Un zéro a sauté à mes chiffres de ventes. Quand j'étais à 500 ventes, je finissais par être content.

Alors, j'ai voulu me repenser, me réinventer. J'ai publié un nouveau livre sur la bourse en 2010, donc après la crise (*Devenez l'homme qui bat le marché*), puis, avec mon éditeur, j'ai créé la collection « 100 pages pour comprendre ». Toujours chez Gualino/Lextenso, donc. Me voilà ainsi, au début des années 2010, directeur de collection. Des livres plus modernes, avec une certaine interactivité, un certain dynamisme et des thèmes dépassant le cadre de la bourse. Bien sûr, j'ai moi-même publié dans ma propre collection.

Nous avons publié des livres sur les marques, sur la communication non verbale, sur le droit, etc. J'ai alors découvert une nouvelle facette du monde du livre, celle qui consiste à aller recruter des auteurs. Un directeur de collection se place à l'interface entre auteur et éditeur.

Avec un ami œnologue, nous avons co-signé un livre unique en France : *Les Placements dans le vin*. Un véritable guide répondant à la problématique de l'explosion du prix des bouteilles de vin et des fortunes qui se sont construites chez les collectionneurs de vin. J'ai apporté l'expertise économique, mon co-auteur a amené l'expertise œnologique, et tous les deux avons apporté notre passion du vin. La barre des 1 000 ventes a été franchie, et l'éditeur nous a félicités. Car dans les années 2010, dépasser les 1 000 ventes constituait déjà un succès. À l'occasion de la promo de ce livre, une grosse déception tout de même, qui m'a beaucoup fait réfléchir. Grâce à ses contacts et son réseau relationnel, mon co-auteur a pu obtenir une demi-page de publicité pour notre livre dans le quotidien *20 minutes*. Des dizaines ou centaines de milliers de lecteurs, un des tout premiers quotidiens de France, mais le compteur des classements sur Amazon frémissait à peine… Et au final, très peu de ventes occasionnées par cette page publicitaire… J'ai alors réalisé que, contrairement à ce qu'il se passait une douzaine d'années plus tôt, un article de presse, fût-il publié dans un journal à très forte audience, ne faisait plus forcément vendre. Le problème ? **Il y a tellement de livres, et tellement d'informations… Nous vivons à l'ère de l'information, notre cerveau est sollicité en permanence. Pour qu'une info retienne notre intérêt et, mieux, qu'elle nous pousse vers un acte d'achat, a fortiori un achat impulsif (c'est souvent le cas sur un produit comme le livre), il faut un « sujet à tout casser »…** Peut-être celui que vous avez entre les mains ? Ou que vous allez trouver pour générer votre succès…

La collection que j'avais créée sous la houlette de mon éditeur commençait, après un an et quelques publications, à prendre de l'ampleur, mais des divergences de points de vue naissaient entre mon éditeur et moi. Des divergences que je ne relaterai pas ici, mais qui devenaient telles qu'à un moment, nous décidions d'un commun accord d'arrêter de collaborer… Une rupture amiable de contrat fut signée.

Et voilà… En 2013, je me retrouvais sans éditeur. L'autoédition était la mode montante, promettant aux auteurs monts et merveilles. Ne souhaitant pas chercher un nouvel éditeur, et ne souhaitant surtout pas arrêter d'écrire faute d'éditeur, je me suis lancé dans l'autoédition… Très vite, j'ai réalisé que ce n'était pas pour moi ! Il faut tout faire : la mise en page, la couverture, la promotion… et en plus, il faut payer (pas des sommes très importantes, mais quand même…). Aucun regard d'un professionnel… Vous choisissez votre titre, votre couverture, mais si vous vous plantez, personne ne sera là pour assumer et analyser l'échec avec vous. Et finalement, si votre livre n'est pas beau, n'est pas dans les standards du moment, il est perdu au milieu de nulle part. Ayant tenté cette expérience, je me suis dit : plus jamais !

À un moment donné, j'avoue en avoir eu marre. Pas d'éditeur, pas d'autoédition… Que devais-je faire ? On n'est jamais mieux servi que par soi-même, n'est-ce pas ? J'ai appris à connaître le métier d'éditeur, c'est un métier passionnant… J'ai alors voulu l'imaginer complètement différemment de toutes les normes en vigueur… J'ai donc décidé d'investir mes deniers, d'utiliser mon carnet d'adresses et mon expérience du monde financier pour lever des fonds… Et je me suis dit que j'allais créer MA maison d'édition… Avec ses normes de fonctionnement, une réinvention du métier. Et qui m'aime me suive !

Janvier 2017 : après réflexion, oui, je lui donnerai mon nom… Comme la moitié des maisons d'édition qui portent le nom de leur fondateur. Mais je m'appelle Haddad et non Gallimard, Grasset, Calmann-Lévy, Plon, etc. La consonance libanophone de mon nom ne plaira pas à tous ; il faut être franc avec soi-même. Mes initiales, en revanche, déjà connues dans le milieu boursier, ont toujours bien passé. Il ne restait qu'à les faire connaître dans le monde éditorial. Est née JDH ÉDITIONS ! Plusieurs personnes de mon réseau relationnel ont publié dans cette toute nouvelle maison, dont le célèbre journaliste des années 80 Jean-Claude Bourret… L'aventure était née. Et tout ou presque était réinvesti pour le développement. J'ai moi-même publié plusieurs ouvrages « chez moi », dont un qui a rencontré un beau succès : *L'Économie ? Rien de plus simple !* Un livre qui se vend très bien en version numérique et intéresse particulièrement les élèves et étudiants aussi bien que le grand public. J'ai atteint ma cible sur cet ouvrage.

Voilà bientôt 5 ans que cette aventure, démarrée en janvier 2017, perdure et progresse. J'ai embauché du personnel, me suis adjoint les services d'un directeur littéraire et artistique hors normes. Et depuis 2021, nous sommes sur un rythme d'une centaine de livres produits à l'année. Ce qui fait d'ores et déjà de JDH Éditions une « moyenne maison » et non plus une « petite maison ».

De son côté, mon média boursier *Francebourse.com* est toujours là. Et je continue à y passer du temps. Il est d'ailleurs une belle vitrine pour faire connaître les livres concernant le domaine financier.

À ceux qui me demandent comment je peux faire plusieurs métiers, je réponds :

– Premièrement, je n'en fais qu'un seul : LES MÉDIAS. Car le livre EST un média. C'est grâce au livre de Soljenitsyne que le Goulag a été découvert… Quel média plus puissant ? Je suis un homme de médias : livres, sites internet, émission TV, lettres de presse, etc., etc. C'est ma passion. Même être prof (je le suis encore à mi-temps), c'est être soi-même un média… Transmettre…

– Deuxièmement, heureusement pour moi, je m'entoure. Je ne suis pas un homme-orchestre, mais un chef d'orchestre. Et un chef d'orchestre n'est rien sans son orchestre. Je suis un entrepreneur et non un autoentrepreneur. Je m'entoure, car je ne suis pas obsédé par l'idée d'être seul à tout penser, tout décider et tout se mettre dans la poche. Non, tout se partage. Je préside, je prends les décisions les plus importantes, mais m'appuie sur des professionnels pour créer les couvertures, pour choisir les titres, pour lire les textes, les sélectionner, leur donner vie, les améliorer. Et j'ai acquis, par expérience, le fameux « coup d'œil de l'éditeur »…

JDH Éditions a donc édité plus de 150 livres mi-2021. Et nous sommes de plus en plus sollicités.

L'un de nos livres dépasse les 10 000 ventes. D'autres sont à plusieurs milliers de ventes. Ils passent dans les médias. Ce sont des succès. Et certains de nos auteurs ont pu, grâce à leurs livres, développer de vraies activités professionnelles ou se faire connaître dans leur monde. Je peux citer Julie Charrier, auteure de *Créer et développer sa start-up*, ou Thomas Andrieu, jeune auteur de plusieurs livres économiques. **Sachez-le : un livre est un véritable instrument de notoriété.**

Après vous avoir donné ces quelques pistes très importantes, à travers ma propre expérience, je vais à présent entrer dans les détails ; je vais tenter de vous donner les clés qui vous aideront à faire de vos livres des succès. Et à devenir vous-mêmes des auteurs à succès !

PREMIÈRE PARTIE

COMPRENDRE LE MONDE DU LIVRE POUR Y RÉUSSIR

Autoédition, compte d'auteur, compte d'éditeur : quelles sont les différentes manières d'éditer son livre ? Comment imprimer un livre ? Comment fonctionnent les circuits de distribution ? Quels sont les pourcentages gagnés par les différents protagonistes sur un livre ?

Autant de questions essentielles qu'il faut avoir cernées dès le départ quand vous vous lancez dans l'écriture d'un livre. Afin de savoir où vous allez. Car il est nécessaire, avant même de commencer, de savoir où l'on va…

1 – Pourquoi dit-on « maison » d'édition ?

Pourquoi dit-on « maison » d'édition, alors qu'on dit, par exemple, « société » de bâtiment, de travaux publics, ou « boîte » de production, ou « agence » de communication, ou, le plus souvent, « entreprise » et « société » ? Pourquoi, lorsqu'on parle d'édition, on parle de « maison » ?

Tout d'abord, c'est en raison d'une ancienneté de ce métier ; à l'époque où l'édition a commencé, les éditeurs étaient aussi des imprimeurs, et exerçaient dans des maisons. D'ailleurs, on emploie aussi le mot « maison » pour la joaillerie, mais aujourd'hui, le mot « maison » reste associé à des métiers anciens et qui ont une certaine noblesse, et l'édition est un métier noble. C'est clair et net. C'est un métier qui permet de produire des idées, à travers le livre, mais aussi des émotions, faire découvrir des univers, dévoiler des choses, faire changer des consciences, donc il y a quelque chose de très noble à pratiquer ce métier. C'est aussi pour cela que l'on parle de « maison » d'édition.

La deuxième raison, plus intellectuelle, est liée au fait qu'une maison d'édition est une société pas comme une autre, parce qu'elle est basée sur les auteurs ; le noyau dur d'une entreprise d'édition (je remplace volontairement le terme « maison » par « entreprise »), ce sont les auteurs. Or, les auteurs ne sont ni des salariés, ni des clients, ni des fournisseurs. Ce sont des auteurs, et chaque auteur est en fait une pierre de la maison, dans la mesure où il va falloir empiler ces pierres pour avoir ce qu'on appelle un fonds éditorial, sur lequel la maison d'édition va s'appuyer pour avoir ses revenus, et donc pour grossir, d'où l'importance des auteurs qui écrivent dans la maison ; on dit « écrire dans la maison » parce que les auteurs font partie de la maison. Ils y sont chez eux. Du moins, tant qu'ils ne vont pas voir ailleurs. Donc, quelque part, les auteurs font partie d'une communauté, et chez JDH Éditions, nous essayons vraiment de développer ce côté « maison », ce côté communautaire, avec une mise en relation de nos auteurs via des groupes sur les réseaux sociaux, par exemple. Nous nous appuyons à la fois sur des rencontres physiques, des dédicaces en ligne, des évènements, mais aussi beaucoup sur les réseaux. Nous avons même des groupes WhatsApp qui regroupent entre 80 et 90 % de nos auteurs, groupes sur lesquels nous échangeons beaucoup. Donc, nous sommes vraiment dans cette logique de « maison ». Beaucoup d'auteurs jouent le jeu et achètent les livres de leurs « collègues », en parlent, etc., ce qui contribue à générer des ventes et à induire parfois une « communication virale ».

2 – Compte d'éditeur, compte d'auteur ou autoédition ?

Voici une question que beaucoup d'auteurs se posent : quelle est la différence entre éditer à compte d'éditeur, éditer à compte d'auteur et faire de l'autoédition ?

En quelques mots, lorsque vous éditez à compte d'éditeur, vous ne payez rien ; vous allez voir une maison d'édition qui va sélectionner, ou pas, votre travail, votre œuvre, pour le publier. À partir de là, la maison d'édition devient propriétaire du droit exclusif d'exploiter votre œuvre. En effet, pour pouvoir l'exploiter, la loi lui impose d'être propriétaire de ces droits d'exploitation, et elle va essayer d'en vendre le plus possible, parce que c'est comme ça qu'elle se rémunère, et d'ailleurs, elle vous reversera une partie de cette rémunération sous forme de droits d'auteur. Vous demeurez par ailleurs propriétaire du droit moral, ce qui signifie que vous pouvez empêcher votre éditeur d'associer votre œuvre avec une couverture contraire aux bonnes mœurs, par exemple. Cela dit, en dehors de cas extrêmes qui ne se produisent quasiment jamais, dites-vous bien que vous n'êtes pas le client, donc vous n'êtes pas le roi ! C'est l'éditeur qui aura le mot final sur le prix de vente, sur la couverture, etc. Il arrive de plus en plus fréquemment cependant que des éditeurs à compte d'éditeur facturent des prestations de couverture pour des auteurs qui sont particulièrement exigeants et veulent absolument ceci ou cela. Mais s'ils le font, c'est pour faire plaisir à l'auteur, car, encore une fois, un auteur n'a pas à dicter à un éditeur ses choix pour la couverture, même si une concertation a normalement lieu. À noter aussi qu'avec la baisse du niveau orthographique dans la population, quasiment tous les éditeurs placent aujourd'hui dans leurs contrats des clauses pour faire payer l'auteur dans le cas où le texte serait si mal écrit qu'il nécessiterait une réécriture par un professionnel.

Cas de figure complètement différent, lorsque vous allez voir une société (je ne dis pas une maison) qui travaille à compte d'auteur, vous êtes le client. On dit que le client est roi, mais ce qu'il faut bien prendre en compte, c'est que cette société va se rémunérer sur vous, en vous vendant une prestation, à savoir de publier votre livre, pour que vous ayez un livre correct entre les mains, avec la couverture que vous souhaitez, le prix de vente que vous souhaitez, c'est vous qui décidez de tout. Mais au-delà de ça, elle ne va pas chercher à vendre votre livre. Cette société qui travaille à compte d'auteur sera en effet déjà rémunérée (1 000 €, 2 000 €, peut-être plus) en vous vendant cette prestation.

Éditer à compte d'éditeur et à compte d'auteur sont donc deux choses différentes. L'éditeur qui travaille à compte d'éditeur est très sélectif, puisqu'il sait à peu près ce qui va pouvoir se vendre ou pas. Il va notamment beaucoup s'appuyer sur la capacité de l'auteur à mobiliser des acheteurs. De nos jours, comme nous le verrons plus loin, la notoriété de l'auteur est devenue cruciale. La société qui travaille à compte d'auteur ne va pas spécialement chercher à ce que votre livre se vende, donc il va éditer quasiment tous les projets et ne va pas se montrer sélectif, ni sur la qualité du texte ni sur son originalité, ni sur le CV de l'auteur.

L'autoédition, c'est encore autre chose. Dans l'autoédition, c'est vous qui êtes votre propre éditeur ; vous passez en général par des prestataires, d'assez grosses sociétés, qui internalisent souvent des imprimeries et des sociétés de PAO ; ce sont des sociétés assez importantes qui vont vous permettre d'éditer vous-même votre livre, et donc, ensuite, ce sera à vous de faire tout le travail de l'éditeur. Vous aurez donc beaucoup plus de droits pécuniaires (entre 15 % et 35 % selon les livres et les prestataires), vous resterez propriétaire de vos droits d'exploitation, et vous aurez donc, vous seul, intérêt à ce que votre livre se vende, car le prestataire en question ne fera rien de spécial pour que votre livre se vende. Normalement, cette prestation est pratiquement gratuite, ce sont en général de toutes petites sommes qui sont demandées, voire la gratuité, et la plupart fournissent des services en plus, c'est-à-dire la couverture, la relecture du texte, etc., et tout cela mis bout à bout, vous pouvez facilement arriver à plusieurs centaines d'euros, voire dépasser le millier d'euros si vous prenez beaucoup de prestations. Mais si vous voulez faire de l'autoédition et que vous voulez tout faire vous-même, comme la couverture et tout ce qui touche à votre livre, c'est aussi à vous de faire toute la communication pour que votre livre se vende.

Nous avons donc trois modèles d'édition très différents que le marché permet aujourd'hui ; ce qu'il faut voir aussi, c'est que si vous autoéditez, vous êtes un peu comme un autoentrepreneur, il faut en prendre conscience. Au-dessus d'un certain nombre de revenus, vous devenez aussi un entrepreneur pour le fisc.

Ces trois modes d'édition complètement différents peuvent correspondre à différents cas de figure :
– Le compte d'éditeur est bon pour qui veut ne rien ou quasiment rien payer et s'appuyer sur la notoriété et la crédibilité d'une marque d'édition. En contrepartie de quoi

l'auteur accepte de renoncer à tout droit d'exploitation de son œuvre, et de se soumettre à une grande sélectivité.

– Le compte d'auteur concernera souvent des auteurs qui ont été refusés par les maisons d'édition à compte d'éditeur, et qui veulent néanmoins ne rien avoir à faire (ni couverture ni mise en page, par exemple), tout en bénéficiant du nom d'une maison d'édition apposé sur son livre. Mais attention : ces maisons-là sont connues comme telles, et n'ont pas la notoriété que peut avoir une maison à compte d'éditeur. La presse rechigne à en parler, les salons livresques à les accueillir, etc.

– L'autoédition est le pendant de l'autoentreprise ou de l'ubérisation de l'économie. Vous êtes le seul maître à bord, et vous n'avez personne avec qui partager vos succès ou vos erreurs. Elle n'avait pas bonne presse au départ, mais aujourd'hui, vu que des livres de qualité sont autoédités, y compris d'ailleurs par des auteurs médiatiques, connus et réputés (citons Marc Touati dans la littérature économique), l'autoédition n'est plus un repoussoir pour les médias. Elle peut d'ailleurs servir de rampe de lancement vers du compte d'éditeur. Les maisons d'édition ont même tendance à repérer les livres ayant du succès en autoédition afin de leur proposer un contrat d'édition.

On notera que certaines maisons d'édition qui sont bel et bien considérées comme telles (en tant qu'éditeur, je ne peux donner aucun nom de confrère) pratiquent des prestations qui se situent à la frontière des trois modèles. Car les frontières sont de plus en plus floues, de plus en plus poreuses aussi... Et les clauses d'achat de livres dans les contrats sont de plus en plus pratiquées, surtout pour la littérature contemporaine avec des auteurs inconnus. Cette pratique s'observe même chez de grandes maisons d'édition très connues. Je ne leur jetterai aucunement la pierre, à partir du moment où l'auteur peut vendre les livres achetés, et où la remise de l'auteur est conséquente et ne se limite pas à 10 %. Ce n'est pas parce qu'un éditeur pratique les clauses d'achat (nous le faisons sur certaines collections) qu'il doit être catégorisé « à compte d'auteur ». Seuls quelques puristes le penseront. **La vraie frontière entre compte d'auteur et d'éditeur n'est pas sur les clauses d'achat. Elle se situe dans le fait que l'éditeur à compte d'éditeur mise sur votre livre, prend à sa charge sa promotion, fait le dépôt à la BnF, le référencement sur les plateformes et les catalogues, et ne vous facture pas les différentes prestations (mise en page, couverture, corrections, sauf cas très spécifiques qui représentent moins de 1 % de la production).** Évidemment, dans tous les cas de figure, l'auteur doit aussi participer de son côté à la promotion de son ouvrage, comme nous le verrons plus loin.

3 – Qui gagne quoi sur un livre ?

Sujet un peu tabou en France, parce qu'on n'a pas trop l'habitude de parler d'argent, mais pourtant, c'est un sujet important : qui gagne quoi sur un livre ? Étant économiste, je n'ai pas de problème à parler d'argent ; j'ai écrit des livres sur l'économie, sur la finance, je n'ai aucun tabou là-dessus.

Pour commencer, prenons un exemple :
Aux petits bonheurs, ou l'anatomie de la marguerite, d'Arthur Saint-Servan. Il s'agit d'un livre standard que nous avons édité chez JDH Éditions, que nous vendons à 12,95 € TTC et qui fait 160 pages. Qui va gagner quoi sur ce livre ?

Déjà, 12,95 €, cela fait 12,30 € HT, parce qu'il y a évidemment la TVA qui est de 5,5 % sur le livre, ce qui est plutôt bien, puisque sur la plupart des produits, elle est à 20 %, donc les produits culturels bénéficient d'une exception de TVA ; donc, sur ce livre, cela représente 0,65 €.

Sur ces 12,30 €, il faut savoir que le libraire, que ce soit Amazon, Fnac, Cultura ou les petits libraires du coin, prend en moyenne dans les 35 %, c'est rarement moins de 30 % et jamais plus de 40 % ; donc, sur un prix HT de 12,30 €, ça représente 4,30 €.

Ensuite, les distributeurs. Qu'est-ce qu'un distributeur ? Vous avez peut-être déjà entendu parler de la SODIS, ou de Hachette Distribution, ou d'Interforum : ce sont des sociétés de distribution de livres, qui font non seulement l'acheminement vers les librairies, mais qui font aussi le référencement sur les plateformes internet. Donc tout ce qui est distribution inclut ces sociétés-là, mais aussi les catalogues sur lesquels les libraires vont se rendre pour voir si votre livre est référencé (Dilicom, Electre). Tout ce gros pôle distribution représente au moins 15 %. Donc pour notre livre à 12,30 €, cela représente 1,85 €.

Et un livre, il faut bien l'imprimer : il sort d'une imprimerie, et les imprimeurs ne travaillent pas gratuitement. Un livre comme *Aux petits bonheurs, ou l'anatomie de la marguerite* coûte environ 2,50 € à imprimer. S'il y a de grosses quantités, ce sera moins, sauf pour les éditeurs qui fonctionnent en impression à la demande, ce qui est d'ailleurs aujourd'hui le cas de beaucoup d'éditeurs, qui ne le disent pas forcément, qui ne l'affichent pas de manière aussi ostentatoire que JDH Éditions. En effet, s'il y a vraiment une grosse quantité de livres, 5 000, 10 000 livres en premier tirage, cela coûterait un peu moins, mais pas un euro non plus, peut-être 2,10 €, 2,20 €.

Dans cette simulation réelle, donc, sur un livre à 12,30 € HT, il reste, une fois payés le libraire, les distributeurs, l'imprimeur, environ 3,65 €, soit 28 % du prix de vente HT. Donc, ces 3,65 € sont partagés entre l'auteur, l'éditeur et le directeur de collection s'il y en a un. Le pourcentage des droits pour l'auteur et pour le directeur de collection est fixé par contrat.

À noter que plus un livre est volumineux, plus il coûte cher à fabriquer, donc plus le prix de vente doit être élevé pour respecter un certain équilibre dans la répartition des marges. Sachez aussi qu'un livre comportant des pages couleur coûte bien plus cher à l'impression, tout comme un livre à couverture cartonnée, ou avec du papier photo.

Il est classique que les auteurs reçoivent 8 à 10 % du prix de vente public hors taxes.

On entend souvent dire que ce n'est pas beaucoup, que les éditeurs se mettent tout dans la poche ; il est vrai que sur les 28 % mentionnés ci-dessus, ce sera rarement 14 % pour l'éditeur et 14 % pour l'auteur. En général, dans un cas de figure comme celui-ci, l'éditeur va prendre 18 % et rémunérer l'auteur à hauteur de 10 %, voire 12 % à partir d'une certaine quantité.

Pourquoi cette iniquité ? Car, contrairement au cas de l'auteur qui n'a pas de frais, à part peut-être quelques frais de déplacement et du temps passé (frais indirects), l'éditeur ne met pas directement l'argent dans sa poche. Il doit payer des locaux, du matériel, des logiciels, du personnel, des charges sociales, de la publicité pour faire connaître les livres, etc. L'édition est un métier très consommateur en ressources humaines. Produire des livres nécessite beaucoup d'heures de travail : couvertures, mises en page, corrections, communiqués de presse, etc. À part sur de toutes petites maisons d'édition, où un homme-orchestre s'épuise à tout faire lui-même, une maison d'édition de taille moyenne (comme l'est JDH Éditions) a au moins 3 ou 4 salariés, plus des prestataires.

Le graphique suivant (source : *Le Parisien*) confirme, dans le cas d'un livre à 22 € (prix moyen d'un livre vendu en France), la proportion de répartition des marges indiquée ci-dessus.

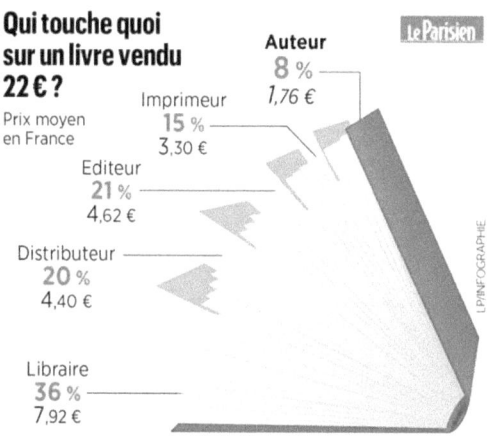

4 – L'impression à la demande : l'avenir du livre ?

JDH Éditions ne réalise que de l'impression à la demande ; ce qui n'aurait pas été possible il y a une dizaine d'années l'est tout à fait aujourd'hui. La preuve : nous nous développons extrêmement bien.

L'impression à la demande est un modèle de production alternatif qui est de plus en plus employé dans le monde de l'édition et pourrait finir par devenir la norme. En tout cas, dès aujourd'hui, même si ce n'est pas la norme, c'est une norme.

Avant de l'aborder plus abondamment, il convient de parler du modèle classique qui reste la norme dominante dans le monde de l'édition.

Classiquement, lorsqu'un éditeur publie un livre, il estime le nombre de ventes qu'il pourra réaliser (500, 1 000, 2 000) et il fait imprimer autant de livres qu'il a estimés, admettons 1 000 livres. Cela s'appelle le « premier tirage ». Ensuite, il diffuse ces livres auprès des libraires (Amazon, Fnac, les libraires de quartier, etc.). Les livres sont placés dans les librairies, certains sont vendus, d'autres ne le sont pas, et au bout d'un certain temps, il y a des retours. C'est-à-dire que sur les 1 000 livres, si le livre ne s'est pas vendu, l'éditeur en question peut avoir 950 retours, ce sont des choses qui arrivent ; donc, à ce moment-là, il a 95 % de retours. Il faut bien réaliser que l'auteur n'est pas payé sur les retours. Dans notre exemple, s'il a été payé pour les 1 000 livres mis en place en librairies, il devra rembourser les 950 retours.

Pour en avoir parlé avec des confrères éditeurs, lorsqu'un livre se vend vraiment bien, il y a environ entre 30 et 35 % de retours, et le tirage initial sera souvent de 1 000 ou 1 500 livres. Bien sûr, nous ne parlons pas de livres d'un ancien président de la République ou d'une star mondiale de l'écriture… Dans de tels cas, il est commun que le premier tirage soit de 50 000, voire de 100 000 exemplaires, et les retours, très faibles.

Revenons donc aux cas courants. Avec une moyenne de 50 % de retours, sur un tirage de 1 500 livres, cela fera 750 vendus et 750 qui reviennent à l'éditeur, qu'il peut donc ensuite soit brader, soit mettre au pilon, c'est-à-dire qu'il les détruit, ce qui occasionne un coût supplémentaire. Et lorsque le tirage initial est épuisé, pour un livre qui s'est très bien vendu, un best-seller, par exemple, l'éditeur repasse une commande ; si les 1 500 exemplaires sont écoulés, qu'il n'a que 10 ou 15 % de retours et qu'il voit qu'il y a de la demande, il repasse une commande de 5 000 livres, par exemple, et là encore, c'est un petit pari que l'éditeur doit faire sur l'avenir. Un petit pari qui peut parfois coûter cher…

Le modèle d'impression à la demande est complètement alternatif. Il n'y a pas de tirage initial. Pour résumer, l'impression à la demande, c'est une impression à flux tendu, c'est-à-dire que les livres sont référencés partout, mais produits uniquement à la demande des libraires. Or, les libraires vont commander des stocks de livres quand ils constatent qu'ils ont de la demande, qu'un livre est médiatisé, que l'auteur est connu, etc.

Je ne peux pas parler au nom des confrères qui passent par un système d'impression à la demande, mais je peux parler de JDH Éditions, qui passe par la SODIS, cette dernière référençant les livres partout, que ce soit sur Amazon, la Fnac, Cultura, sur *Chapitre.com*, dans les espaces culturels E.Leclerc, etc. Les livres en question sont également référencés dans tous les catalogues de quasiment tous les libraires de France ; en passant par les catalogues DILICOM et ELECTRE, que la quasi-totalité des libraires utilise. Ainsi, ils peuvent avoir accès à nos livres, certains vont en acheter pour les mettre sur leurs linéaires et d'autres pas, ils vont attendre qu'il y ait une commande, mais en général, on fonctionne en flux tendu, c'est-à-dire que vous allez voir votre libraire (ça peut aussi bien être le libraire du coin qu'Amazon), et quand le livre vous intéresse, vous le commandez. À partir de là, la commande est passée à la SODIS, la SODIS passe la commande à l'imprimeur, l'imprimeur imprime le livre à la demande et il l'envoie. En général, il faut compter une semaine pour le recevoir.

Mais quand un livre a tendance à bien se vendre, les grandes librairies (Cultura, Fnac, Amazon, etc.), lorsqu'elles voient qu'il y a 5, 6, 7, 8, 10 livres qui sont commandés, vont commander un stock. Bien sûr, ce ne sera pas un stock de 1 500 comme dans un cas classique, mais plutôt un stock de 50, 60, 90, 200, 300 parfois, et ça leur fait un petit stock tampon, ce qui fait qu'ensuite, votre livre est marqué « en stock ». Sur Cultura, Fnac, Amazon, Gibert Joseph, etc., on voit parfois marqué « en stock », ce qui veut dire qu'on n'est plus sur un modèle à flux tendu, parce que les libraires ont pris l'initiative de commander un petit stock. Et en général, lorsque les libraires prennent cette initiative, ce sont eux qui estiment les ventes qui vont se faire, et ils estiment en général assez bien, ce qui entraîne, de fait, très peu de retours. Lorsqu'un livre se vend bien, nous ne sommes pas à 35 % de retours, comme ça va être le cas pour l'impression classique, nous sommes à moins de 5 % de retours. Et quand un livre ne se vend pas très bien, que le libraire s'est un peu trompé dans ses estimations et a commandé un peu trop de stock, il peut y avoir 10 % de retours, quasiment jamais davantage. Donc, de notre côté, nous minimisons les risques de retours, ce qui nous permet de donner davantage leur chance à certains livres. Et, ne l'oublions pas, l'impression à la demande, en évitant les retours, et donc les mises au pilon, ainsi que les transports afférents à ces retours, est plus écologique !

Néanmoins, publier un livre a toujours un coût, même en impression à la demande, notamment au niveau du référencement et de la publicité, et tous nos livres sont en vente sur notre site JDH Éditions, où nous avons une librairie en ligne, et nous pouvons soit expédier les livres quand nous les avons en stock (nous en avons toujours quelques-uns, toutes les nouvelles références sont en stock, et nous avons une équipe qui travaille et qui envoie les livres), soit les commander à l'imprimeur aussi, ça dépend des cas.

La plupart des maisons d'édition ont aujourd'hui une librairie en ligne avec un assortiment régulier. Seuls les petits éditeurs ne peuvent pas se le permettre. Car une librairie en ligne demande du personnel pour gérer les commandes, expédier les livres, facturer, accroître la charge comptable, etc.

Concernant la qualité d'impression : l'impression à la demande, c'est forcément de l'impression numérique. Et cette impression numérique permet d'avoir tous les formats de livres souhaités, avec une qualité tout à fait comparable à des livres classiques, voire même mieux pour certains. Les papiers couchés de 120 grammes, voire les papiers photo de 200 grammes, sont possibles.

Comprendre le monde du livre pour y réussir

Les QR Codes suivants vous renvoient vers deux vidéos de visite de l'imprimerie numérique BoD, à Hambourg :

5 – Les circuits de distribution d'un livre

Vous êtes auteur, vous allez voir un libraire et vous voulez que ce libraire commande votre livre pour qu'il l'ait en stock en librairie.

Qu'est-ce qu'il y a derrière tout ça ?

Le libraire a des plateformes de référencement, qui s'appellent Electre et Dilicom ; sur Electre, les livres sont référencés, et Dilicom, c'est plus pour les couvertures, mais il peut également y commander les livres. En général, le libraire est abonné aux deux ; il y en a certains qui n'ont que Dilicom et pas Electre, même s'ils sont rares, et d'autres qui n'ont qu'Electre et pas Dilicom, mais quand il y a les deux, c'est parfait. Donc, il va sur Electre ou Dilicom, il trouve la référence de votre livre (il faut lui donner le titre exact, le nom de l'auteur, le nom de la maison d'édition et éventuellement l'ISBN, mais ce n'est pas obligatoire) et via cette plateforme, il commande le livre.

La commande ne part pas chez l'éditeur. Donc, il est inutile d'importuner un éditeur pour lui demander s'il a reçu la commande d'un libraire ! La commande part chez le distributeur. Qui est le distributeur ? En ce qui nous concerne, c'est la SODIS, qui est une filiale de Gallimard (il faut d'ailleurs savoir que les quatre ou cinq grands distributeurs qu'il y a en France, SODIS, GEODIF, Interforums, Hachette et quelques autres sont des filiales de grands éditeurs).

Un éditeur ne peut être distribué que par un seul distributeur, c'est la règle, on ne peut pas faire autrement, donc vous ne trouverez ni Albin Michel ni autres distribués par la SODIS, parce que la SODIS, c'est lié à Gallimard ; donc les autres majors de l'édition ont, eux, leur propre filiale de distribution ; Hachette ne peut pas être distribué par la SODIS, puisque ce sont des « concurrents » (les majors sont souvent « amis » entre eux, mais néanmoins concurrents). Donc, la commande part chez la SODIS, par exemple ; la SODIS transmet la commande à l'imprimeur. En ce qui concerne JDH Éditions, l'imprimeur est aussi notre référenceur chez la SODIS. Cet imprimeur, BoD, est en Allemagne, et se trouve être la filiale du plus gros éditeur allemand qui s'appelle Libri, ce qui fait que nos livres sont aussi distribués en Allemagne. Toute cette logistique prend du temps, mais c'est aussi le cas lorsqu'un éditeur passe par un modèle « classique ». Si le libraire n'a pas le livre dans ses rayons, il faudra attendre plusieurs jours, voire semaines pour l'avoir en main. Les plateformes internet sont plus rapides. C'est un fait.

6 - La loi Lang, ou l'interdiction de solder un livre

Beaucoup d'auteurs se demandent si on peut augmenter le prix de leur livre, le baisser, faire une promotion pour vendre leur livre, si l'éditeur peut appliquer une promotion sur leur livre, avec par exemple -50 %.

La réponse est simple et catégorique : non, c'est interdit par la loi.

Certaines minuscules maisons d'édition le font, mais se mettent de facto hors-la-loi.

La loi Lang, dite loi du prix unique du livre, du nom du ministre de la Culture Jack Lang, que tout le monde ou presque connaît, date de 1981 et institue que le livre doit être au même prix partout. Prenons par exemple *La tragédie de Fidel Castro*, qui coûte 19 euros : que vous l'achetiez sur notre site JDH Éditions, la Fnac, Amazon, chez Gibert Joseph ou le petit libraire qui se situe au fin fond de la campagne où habite votre beau-frère, par exemple, le prix doit être le même. La seule tolérance, c'est une marge de 5 %. Lorsque nous faisons des opérations promotionnelles, par exemple, nous faisons une remise de 5 %. La Fnac applique également des remises de 5 % pour ceux qui achètent sur leur site et qui vont retirer le livre en magasin. C'est le maximum qui est toléré. C'est donc la loi du prix unique, et il faut dire que c'est une loi qui arrange un peu tout le monde, car quand on sait qu'en gros, sur le prix de vente d'un livre, le libraire prend un tiers, que l'éditeur prend un petit tiers, mais qu'il partage avec l'auteur, et que le reste est partagé entre l'imprimeur, le distributeur, le diffuseur, etc., si on devait baisser les prix de 30 % ou 40 %, il y en aurait qui ne s'y retrouveraient pas, donc c'est une loi qui arrange un peu tout le monde et qui évite une concurrence effrénée qui devrait passer par de la vente à perte qui est strictement interdite en France.

Il faut aussi savoir que la loi Lang concerne les livres qui ont moins de deux ans d'ancienneté ; au-delà de deux ans, les livres peuvent être soldés, c'est pour que cela que, parfois, dans les foires, les expositions, les salons, les boutiques des stations-service, ou même au Salon du Livre de Paris, certains éditeurs vendent des livres neufs, mais vieux de deux ans, dix ans, quinze ans, à deux ou trois euros, parce que c'est du stock qu'il leur reste et qu'ils ont envie de liquider plutôt que de les mettre au pilon. Les auteurs ne sont pas rémunérés sur les livres soldés ou bradés.

Par contre, la loi Lang ne s'applique pas à l'international ; si l'on reprend *La tragédie de Fidel Castro* (qui est un best-seller international dont nous avons eu des droits exclusifs pour la France, mais qui a eu un grand prix littéraire aux États-Unis, qui a été publié au Brésil, au Portugal, etc.), dans chaque pays, ce livre va avoir un prix différent, mais pour ce qui est de la France, comme nous avons eu l'exclusivité pour l'adapter, c'est nous qui avons choisi le prix de 19 euros. Ce sont les éditeurs qui choisissent le prix des livres, et à partir de là, les libraires s'adaptent et, bien sûr, l'éditeur se contraint lui-même à ne pas faire de remise de plus de 5 % sur le prix qu'il a choisi, en concertation avec l'auteur, bien entendu.

Concept exclusif
Qu'est-ce qu'une maison d'édition communautaire ?

C'est un concept que vous n'entendrez pas beaucoup ailleurs, puisque nous l'avons inventé chez JDH Éditions : nous nous définissons comme la première maison d'édition communautaire, du moins à ma connaissance.

Alors, pourquoi communautaire ? Parce que nous essayons de faire en sorte que les auteurs, les directeurs de collection et même le staff de JDH Éditions, y compris votre éditeur, constituent une communauté, avec bien sûr toutes les différences qui existent entre les personnes, mais pour que des auteurs puissent échanger entre eux : par exemple, si vous avez un auteur qui fait quelques fautes d'orthographe et un autre qui est un pro de la correction orthographique, ils peuvent se concerter, échanger tous les deux, s'entraider ; également, lorsque vous avez des auteurs qui sont aussi des illustrateurs, les auteurs peuvent mettre leur réseau à disposition des autres auteurs. Il faut bien voir que lorsque nos auteurs font ça, et ils le font souvent, c'est dans un but commun, parce que plus un auteur fera connaître le groupe, plus ça aidera son livre à se faire connaître également. C'est donc notre concept communautaire.

Pour le mettre en œuvre, nous avons des évènements internes à la maison d'édition, notamment une soirée annuelle (annulée en 2020 et 2021 pour cause de restrictions sanitaires), où nous proposons un cocktail dinatoire à nos auteurs, qui est en général un beau moment festif.

Nous faisons aussi des opérations de dédicaces où plusieurs auteurs viennent, où nous essayons de faire venir du monde, pour que les lecteurs découvrent les auteurs, et nous avons également de nombreux outils Internet que nous mettons à disposition des auteurs : par exemple des groupes sur Facebook (groupe « JDH Éditions : la communauté »). Nous avons bien sûr la page JDH Éditions, qui est une page communautaire, et nous avons également plusieurs groupes WhatsApp (qui ne sont pas visibles de l'extérieur ; si vous n'êtes pas auteur, vous ne pourrez pas les voir), où les auteurs peuvent communiquer et échanger de manière totalement privée. Nous essayons au maximum de développer ce côté communautaire, qui est renforcé par le fait que nous avons une collection qui s'appelle Les Atemporels, qui est une collection d'œuvres du domaine public (Victor Hugo, Balzac, etc.), et chaque auteur de la maison d'édition peut préfacer l'un de ces monuments de la littérature ; la préface est soumise à l'approbation de l'éditeur et des directeurs de collection, mais les auteurs choisissent quel livre ils souhaitent préfacer, et cela a tendance à créer des échanges entre auteurs, où l'un peut demander à un autre ce qu'il pense de sa préface sur tel livre, etc. Tout cela contribue donc à ce côté « communauté » que nous essayons de créer autour de la maison JDH Éditions, et la chaîne YouTube est également là pour renforcer ce côté communautaire, puisque nos auteurs s'expriment sur la chaîne YouTube. D'autres médias seront développés dans les années à venir, tandis que nous avons aussi initié le concept de « dédicaces en ligne » : un week-end de dédicaces est fixé à l'avance, l'auteur reçoit en amont des certificats d'authenticité vierges, et une fois la dédicace finie, il reçoit le nom des personnes ayant acheté son livre. Les lecteurs reçoivent alors les livres commandés avec les certificats d'authenticité. Ces opérations permettent souvent aux auteurs de la maison JDH de se commander et se dédicacer des livres.

DEUXIÈME PARTIE

LES STRATÉGIES DU SUCCÈS

En France, tout livre publié doit être impérativement déposé à la BnF (Bibliothèque nationale de France). Si vous êtes autoédité, ce sera à vous de le faire. Si vous passez par un éditeur, c'est lui qui s'en chargera, et cette prestation est bien sûr gratuite. Méfiez-vous d'un éditeur qui vous ferait payer cette prestation ! Le dépôt à la BnF est une étape obligatoire, qui permet de recenser le nombre de livres publiés en France.

En 2017, ce sont plus de 68 000 livres qui ont été publiés dans l'Hexagone. En 2020, on peut estimer ce chiffre à 80 000.

Les livres anciennement publiés restent parfois référencés. D'autres ne le sont plus lorsqu'ils ne se vendent plus du tout. Il y a en tout environ 750 000 références de livres en France, actuellement.

Vous devez vous imprégner de ces chiffres et vous dire que chaque auteur vise le succès.

Mais peu y parviennent. On estime à 100 000 environ le nombre d'auteurs en France. Un chiffre qui croît d'année en année. Seuls 5 000 environ se déclarent comme « artistes-auteurs » et perçoivent des revenus de la vente de leurs livres. Donc environ 5 %.

Avec 100 000 auteurs, 750 000 références, et près de 80 000 livres publiés par an en France, pourquoi le vôtre mériterait-il plus de succès que son voisin ? Car il est meilleur ? C'est aussi ce que pensera votre voisin : le sien est le meilleur !

Si vous ne développez aucune stratégie, votre livre ne se vendra pas, car il ne se verra pas, il sera noyé dans la masse.

Pour aller vers le succès, il vous faudra sortir du lot. Et pour cela, que vous soyez accompagné par un éditeur ou pas, vous devrez mettre en place des stratégies. Stratégies de communication, de médiatisation, pour donner envie, pour vous faire voir.

Oui, il faut vous faire voir et faire voir votre livre.

Un livre fait corps avec son auteur. Aussi, l'auteur a besoin de se médiatiser, de susciter l'envie. Je reprends toujours la métaphore de la boutique pleine et de la boutique vide, qui vendent la même chose au même prix. Les comportements moutonniers, très caractéristiques du consommateur, les feront aller vers la boutique pleine.

À vous de mettre en place les stratégies adéquates pour faire voir votre livre, donner envie, le différencier de ses voisins ! Au royaume du livre, le marketing est roi, et même si vous êtes publié chez la maison d'édition la plus connue et la plus prestigieuse, vous ne serez pas le seul auteur, et c'est VOUS qui ferez la différence. Est révolu le temps où vous balancez votre texte génial à votre éditeur et ne faites plus rien sinon attendre que tombent les revenus. Il est fini, ce temps-là !

7 – Les grandes lignes pour faire connaître mon livre

Comme cela vient de vous être dit en introduction de la présente partie, si votre livre ne se fait pas connaître, il ne se vendra pas. Nous avons souvent des auteurs qui débarquent, qui pensent avoir un super projet, un super livre, qui va faire des milliers, des dizaines de milliers de ventes ; malheureusement, les auteurs en question n'ont jamais écrit et pensent que rien que le fait d'écrire un livre, sur un sujet qu'ils adorent, qu'ils maîtrisent, avec en plus une belle écriture, suffira à faire vendre automatiquement. Eh bien non !

N'oubliez pas ce chiffre : 80 000 livres sont publiés chaque année en France. Donc le marché est inondé de livres, véritablement inondé.

Nous allons voir dans ce chapitre les grandes lignes, que nous détaillerons dans les chapitres qui suivent.
Il y a les éléments inhérents à votre livre, et les stratégies de communication.

Éléments inhérents à votre livre qui aideront à le faire connaître

Vers qui, vers quoi les acheteurs vont-ils se positionner ?

– Premièrement vers des sujets « à tout casser » s'il s'agit de livres documentaires, de témoignages, etc. Mais aussi vers des livres de conseil, car nous sommes dans une société qui demande du conseil en permanence. Pour ce qui est de la littérature, vers les thématiques à la mode. Tous ces points seront développés dans le chapitre qui suivra.

– Deuxièmement, vers des livres qui ont de la visibilité. Qui sautent aux yeux, qui interpellent. Soit par leur titre, soit par leur couverture. Nous parlerons plus tard du titre et de la couverture, mais sachez que pour vous distinguer, ils vont être très importants. Et en particulier pour les romans. Il y a tant de romans, un tel choix, que le lecteur sera attiré par ce qui sort de l'ordinaire. Évidemment, en écrivant tout cela, je prêche les autoédités, car, comme nous l'avons vu plus haut, l'éditeur est souverain pour le choix des couvertures. Même si l'auteur est consulté. **Néanmoins, avant de postuler chez un éditeur, allez regarder les couvertures qu'il réalise, vous aurez une idée de ce qui pourra vous attendre !** Ses couvertures sautent-elles aux yeux ? Interpellent-elles ?

– Troisièmement, les lecteurs vont se tourner vers les auteurs les plus connus, les plus médiatisés, dont on a souvent parlé, dont ils ont souvent entendu parler. Le nom de l'auteur compte, son titre… S'il est professeur, cela comptera pour écrire un livre sur le sujet qu'il maîtrise. Mais le parcours de vie est également intéressant. Un homme qui a eu un accident, qui a été violé, qui a fait le tour du monde, bref des parcours forts, parfois « trash ». Cela fait vendre. Évitez donc les sujets trop « plats », les histoires comme on en lit des milliers, surtout si vous n'êtes pas encore connu. Vous ne pourrez vous faire connaître qu'en relatant quelque chose qui interpelle. Et ensuite, une fois connu, vous aurez moins de mal à vendre des livres.

Généralités sur les stratégies médias, réseaux sociaux et présentiel

Après ces éléments stratégiques, caractéristiques de votre livre, que nous reverrons en détail par la suite, comment se faire connaître ? Il y a la bonne utilisation des médias d'une part, la mobilisation d'une communauté d'autre part, et enfin toutes les opérations que vous pouvez réaliser en présentiel face au public (dédicaces, conférences, etc.). Les trois sont importants et feront l'objet des trois chapitres suivants, mais nous allons ici en présenter des considérations générales.

– Concernant le passage dans les médias, il ne faut pas croire que c'est forcément quelque chose de très rentable (articles dans la presse locale, sur des sites, etc.) ; ça ne va pas forcément générer énormément de ventes, comme j'ai pu vous le dire dans ma longue introduction, concernant mon livre *Les Placements dans le vin*. En tant qu'éditeur, j'ai également pu le mesurer. Nous avons publié à peu près 150 livres à ce jour. Certains ont eu beaucoup d'articles dans la presse, et cela ne se traduit pas forcément par des résultats extraordinaires, même en passant dans une émission de radio. Je vais vous citer le livre *Mon vélo est une vie*, préfacé par une star des médias (Michel Cymes), un livre qui a été lancé en grande pompe à l'Assemblée nationale, qui a bénéficié d'une couverture médiatique nationale, y compris un passage de l'auteur sur Sud Radio, à une heure de grande écoute… Ce livre s'est vendu à moins de 200 exemplaires. Pourquoi ? Car l'auteur n'était pas assez précis dans ses messages et ne mettait pas assez son livre en avant. Il répondait aux questions des journalistes, qui ne l'orientaient pas toujours dans la bonne direction, du moins dans celle susceptible de générer des ventes. Ce livre traite des accidents de vélo. Aussi, l'auteur parlait de considérations générales et d'une politique de la route à mettre en place, mais mentionnait très peu son livre, même s'il était interrogé à l'occasion de la sortie de ce livre !

Quand on a l'aubaine de passer dans la presse, des émissions de radio et autres, il faut être très précis dans ses messages, il faut y aller franchement sans faire de digressions pour faire passer un message clair à ses lecteurs. La clarté est la seule solution pour donner une chance à votre livre.

— À côté des médias traditionnels, il y a les réseaux sociaux. Qui peuvent donner de très bons résultats, surtout si vous êtes arrivé à avoir une communauté, c'est-à-dire un ensemble de gens qui sont abonnés à vos publications et qui suivent donc ce que vous dites. À la frontière entre média et réseau social, YouTube est un très bon canal pour vendre ses livres ; il faut d'ailleurs savoir que les éditeurs s'arrachent les plus gros youtubeurs (ceux qui ont des millions d'abonnés), car ils savent très bien que lorsqu'ils parlent de leurs livres sur leur chaîne, ils peuvent en parler à loisir, contrairement à quelqu'un qui va passer à la télé où il ne peut pas dire ce qu'il veut, quand il veut, comme il veut, il est obligé de répondre à ce que dit le journaliste, et si le journaliste lui dit qu'il ne peut parler de son livre que dix secondes, trente secondes, ou que le journaliste veut descendre le livre, l'auteur n'a pas le choix, il est obligé de s'y plier. Alors que sur la chaîne YouTube, le youtubeur, lorsqu'il arrive à une audience comparable à la télé, comme certains aujourd'hui, a effectivement une chance de « faire un carton » sur son livre. Même des youtubeurs qui ont quelques dizaines de milliers d'abonnés arrivent à très bien se débrouiller au niveau des ventes. Essayer de faire en sorte qu'un youtubeur connu parle de votre livre aura bien plus d'effets sur les ventes qu'un passage dans la presse écrite. Donc, YouTube est très important, les réseaux sociaux dans leur ensemble, Facebook, Instagram, Tweeter aussi, mais ce qui est surtout important sur les réseaux sociaux, c'est qu'il faut matraquer, répéter, redire les messages différemment, ne pas hésiter à faire un peu de lecture de son livre, à mettre des photographies de pages de son livre pour que les gens le découvrent et aient envie de l'acheter.

– Quant aux opérations en direct, vous pouvez en imaginer plusieurs. Elles sont nécessaires, car le livre est un média entre son auteur et le lecteur. Et qu'il est toujours bon de se rencontrer, que le lecteur ait une dédicace, etc. La crise sanitaire a provisoirement tué les dédicaces, mais celles-ci reviendront et sont très importantes : les dédicaces en supermarché, en librairie, celles dans des lieux insolites – bar, barbier, salon de tatouage, tout peut s'imaginer, et ce qui sort des convenances interpelle et attire. Chez JDH Éditions, nous organisons des dédicaces en ligne que nous faisons régulièrement ; nous faisons une communication sur les réseaux sociaux et incitons vraiment les auteurs à communiquer aussi. Ça permet donc des ventes sur notre librairie en ligne, et l'auteur dédicace son livre via un certificat d'authenticité que nous lui envoyons. Les opérations dédicaces sont donc très importantes, et pour ceux qui sont autoédités, ils ont aussi tout intérêt à en faire. Pour ce qui est des dédicaces en librairie, il faut savoir que les auteurs sont souvent implantés dans un tissu local, c'est à eux aussi de faire la démarche par rapport à leur tissu local pour démarcher des libraires pour faire des dédicaces dans ces librairies, qu'ils soient autoédités ou qu'ils passent par un éditeur. Mais ce n'est pas le tout de faire une dédicace : il faut la filmer et la poster sur les réseaux sociaux et sur votre éventuelle chaîne YouTube ! Nous vivons dans un monde où tout évènement ne doit plus juste se limiter à un moment dans le temps, mais doit être médiatisé… N'hésitez pas non plus à faire une petite conférence, surtout si votre livre traite d'un sujet d'actualité, ou d'un sujet lié au savoir. Une conférence est souvent l'occasion de générer des dédicaces en fin de celle-ci. Si vous avez, autour de vous, quelqu'un faisant partie de clubs comme le Rotary, sachez qu'ils aiment bien inviter des auteurs et organiser des conférences sur des sujets précis, qui peuvent être suivies de dédicaces. J'ai ainsi été invité par de tels clubs à la sortie de mes livres *L'Économie ? Rien de plus simple !* et *Ce que votre banquier ne vous dira jamais*.

8 – Sur quel sujet écrire pour maximiser les chances de succès ?

À partir du moment où on réalise qu'un livre est un bien de consommation, on comprend qu'il y a un marché du livre avec une offre et une demande. Et donc, comme sur le marché des voitures ou des vêtements, il y a des modes. Qui dépendent des représentations sociales du moment.

À notre époque, donc au début des années 2020, quand ces lignes sont écrites, qui est celle du voyeurisme, de la « peoplisation », des scoops, des sujets dans l'air du temps, il ne faut pas hésiter à tenter de publier un scoop sur un sujet du moment. Et dans ce cas, être très réactif. Écrire vite avant que le sujet ne soit plus à la mode. Parmi nos livres publiés en pleine crise sanitaire, celui du Docteur Erbstein, intitulé *Je ne pouvais pas les laisser mourir*, a réalisé plusieurs milliers de ventes. Un médecin y raconte comment il a sauvé des vies de malades du Covid, en administrant des traitements plus ou moins prohibés et en tout cas fortement déconseillés par le gouvernement. Ce court récit aux tons pamphlétaires fut un scoop. On se l'arracha dès sa sortie, car les lecteurs recherchent le scoop. De tout temps à jamais, mais tout particulièrement dans des périodes aussi compliquées que celle du début des années 2020.

Autres livres qui sont dans l'air du temps et obéissent à la préoccupation du moment : les livres de conseil et de « prêt-à-agir » :
– comment gagner de l'argent rapidement

– acquérir une indépendance financière
– comment gagner la confiance en soi
– comment séduire une femme – pour les hommes – ou garder un homme – pour les femmes – etc.

De nombreux livres sur l'investissement immobilier publiés chez des confrères éditeurs ont rencontré un vrai succès. Pour notre part, le livre *Devenez trader pro*, publié en mai 2019, a dépassé les 10 000 ventes deux ans après sa sortie, et continue de se vendre à un rythme soutenu. Le trading fait rêver beaucoup de monde ! Et l'auteur a fait un énorme travail d'auto-médiatisation (cf. chapitre 10).

Pour ce qui est des romans, il y a des thématiques qui sont plus à la mode que d'autres. Et une mode, cela évolue par définition ! Sachez que vous pouvez avoir écrit le plus beau texte du monde, avoir un style unique, si vous n'êtes pas connu et que votre thématique n'est pas à la mode, il sera très compliqué de rencontrer le succès. C'est le cas de ce qu'on appelle « la littérature générale ». Déjà, votre livre aura du mal à être retenu par une maison d'édition, et même si vous y allez par vos propres moyens, ou qu'un petit éditeur vous retient, vous aurez vraiment des difficultés à faire des ventes au-delà de vos propres cercles. Notre société, et particulièrement le monde éditorial, n'est pas capable de produire des Houellebecq ou des Nothomb en série. Regardez combien sont sortis du lot parmi les milliers d'auteurs qui ont du talent… Vous pouvez toujours tenter d'en être, si vous avez une plume hors du commun, mais partez sur l'idée que vous écrivez avant tout pour le plaisir, pas pour rencontrer le succès. Comme le dit Bernard Werber, un des écrivains français les plus connus : « *Si c'est pour gagner de l'argent ou avoir de la gloire, ou passer à la télévision ou épater sa maman, renoncez. La seule motivation honorable me semble être : parce que l'acte d'écrire, de fabriquer un monde, de faire vivre des personnages est déjà une nécessité et un plaisir en soi. »*

Par contre, sur des catégories très à la mode comme la romance, et surtout ce que nous appelons la « *sexy romance* », à savoir des histoires d'amour érotiques, bien décrites, il sera plus aisé de connaître le succès, en appliquant les préceptes des chapitres qui vont suivre.

L'effet *50 nuances de Grey* n'est pas encore fini, même 10 ans après la sortie de cette littérature.

Les thrillers sont également à la mode, ainsi que la fantasy. Le public apprécie aussi les récits de voyage originaux.

Soyez original, créez des personnages ou histoires qui s'inspirent de faits réels, et n'hésitez pas à le communiquer. L'être humain est curieux de savoir de quoi il retourne quand il lit : « *d'après une histoire vraie* ». Mais attention ! Dans un tel cas, changer le nom des personnages ne suffit pas à être exempt de toute poursuite judiciaire ! En effet, si vous relatez une histoire vraie, a fortiori si c'est une intrigue policière ou une romance érotique, un des protagonistes, s'il se reconnaît dans votre roman, pourra vous attaquer en justice à partir du moment où deux personnes témoigneront que c'est bien lui. Prenez donc bien soin, dans ce cas, de changer le lieu, voire l'époque, la description physique des personnages, etc. Et ne relatez jamais une histoire qui est couverte par le secret d'instruction. Des précautions très utiles.

Attention aux pièges des modes, cependant ! Car tout le monde cherche à s'y engouffrer ! Prenons la mode des romans « feel good » qui dure depuis quelques années. Il y a tellement d'offres sur le marché que la demande ne suffit pas à absorber cette offre. Et donc seules les stars du « feel good » parviennent à réaliser des succès. Ce type de livres est de plus en plus compliqué à vendre, même s'ils sont toujours très à la mode.

Le conseil du moment : les romans écrits à la première personne du singulier sont plus vendeurs que ceux écrits à la troisième personne. Votre personnage principal, surtout dans les catégories Romance et Thriller, attirera plus le lecteur si ce dernier a l'impression de s'identifier à lui, donc tentez de rédiger à la première personne du singulier. Attention : c'est une mode actuelle, elle peut passer…

9 – Le choix d'un titre et d'une couverture…

Le titre et la couverture sont les premiers éléments de votre communication, car ils sont porteurs de messages.

Comment choisir le titre d'un livre ? C'est une grande question que beaucoup d'auteurs se posent, et nous aussi, en tant qu'éditeurs. Le choix du titre du livre se fait en concertation entre l'auteur et l'éditeur par une sorte de réflexion commune, qui implique d'ailleurs les directeurs de collection, quand il y en a, le directeur littéraire, quand il y en a, donc c'est un peu tout le monde qui réfléchit ensemble. C'est une étape clef, parce que le titre sera la carte d'identité de votre livre, et c'est ce qui fera plus ou moins vendre ; le titre est donc très important, tout comme la couverture.

Il faut d'ailleurs que le titre colle avec la couverture, ou plutôt que la couverture colle avec le titre, et bien sûr, que le titre colle avec le propos, il ne faut pas que le titre soit hors-sujet, c'est très important.

Une question que tout le monde se pose régulièrement : « est-ce que je peux prendre un titre qui est déjà pris ? » Globalement, la réponse est non. Quand un titre est déjà pris, vous ne pouvez pas le reprendre, sauf lorsque le titre en question est un titre qui est très usuel, qui ne va pas spécifiquement marquer l'empreinte d'un livre et qui est un mot, une expression qu'on dit tous les jours. Par exemple, ce n'est pas parce qu'un éditeur a publié un livre qui s'appelle

Le jour il y a un an qu'on ne va pas pouvoir publier un livre qui s'appelle *Le jour* aujourd'hui. Ce sont des mots tellement courants qu'ils ne marquent pas un livre par leur empreinte, on peut donc les réutiliser. En dehors de ça, lorsque l'association de mots est spécifique et que ce ne sont pas des associations que l'on entend dans le langage courant tous les jours, on ne peut pas les reprendre. Par exemple, si je prends *Cendrillon du trottoir*, on n'avait jamais entendu « Cendrillon du trottoir » avant nous, donc quelqu'un ne pourra pas reprendre *Cendrillon du trottoir* dans un an, et ce n'est pas non plus une expression qu'on entend tous les jours, donc ça ne pourra pas être repris, puisque c'est spécifique. On peut prendre le début du titre d'un livre connu, mais le faire différemment : par exemple, si je prends *Alice au pays des merveilles*, personne ne peut reprendre « Alice au pays des merveilles », et nous, nous avons appelé un de nos romans *Alice aux petites balles perdues*. La couverture rappelle vaguement *Alice au pays des merveilles*, mais nous sommes dans un conte urbain, cela n'a donc rien à voir avec *Alice au pays des merveilles*, mais sachez qu'il est admis de créer un titre qui évoque un autre titre. De la même manière, tout le monde connaît le célèbre livre *Stupeur et tremblements* d'Amélie Nothomb, donc nous avons créé *Stupeur et confinements*, un clin d'œil à Amélie Nothomb que nous apprécions. Il est donc usuel de s'inspirer de titres qui existent déjà, mais on ne peut pas reprendre un titre tel quel, sauf s'il s'agit d'une expression qu'on emploie tous les jours, ce qui, en général, n'est pas très vendeur pour un livre, sauf cas particulier.

Autre élément à ne pas négliger dans le choix d'un titre : le référencement de votre livre sur les moteurs de recherche et en particulier sur celui d'Amazon. Pour en savoir plus sur le sujet, reportez-vous au chapitre 13.

Très complémentaire au titre est le sous-titre ! Le sous-titre n'est pas obligatoire, mais vivement recommandé, car il donne un complément d'information. Sur de la littérature, le sous-titre doit amener un complément d'explication. Ou susciter un intérêt supplémentaire, une curiosité particulière.

Un sous-titre, comme mentionné plus haut, peut être très simple : « *D'après une histoire vraie* » ou « *inspiré de faits réels* ». Il peut être original ; ainsi ai-je vu : « *Le roman qui tue* ».

Sur des livres spécialisés, le sous-titre est quasi-obligatoire si vous voulez maximiser vos chances de succès. Comme je vous l'ai expliqué en introduction, mon livre *Le penny-stock trading* n'aurait jamais fait 8 000 ventes sans le sous-titre « L'art de gagner beaucoup en misant peu ».

Comme dit précédemment, le titre et la couverture constituent la carte d'identité du livre.

Parlons donc à présent des couvertures.

La notion de couverture est un des éléments très importants, c'est un élément central du livre, puisque c'est ce qui saute aux yeux, c'est ce qui va ou pas attirer l'œil du lecteur, surtout quand on n'a pas vu mille fois votre couverture à la télévision !

Mettez-vous à la place de quelqu'un qui flâne en librairie, ou sur les linéaires des rayons livres des supermarchés, ou sur les pages d'Amazon, par exemple, ou autres sites marchands. Certaines couvertures vont davantage sauter aux yeux. Ou pas. Il y a actuellement une surenchère consistant à réaliser des couvertures qui sautent aux yeux, justement, vu qu'il y a une énorme production de livres en France, mais aussi ailleurs. Donc il faut vraiment se distinguer.

Une couverture doit absolument être en adéquation avec le titre et avec le contenu, sinon le lecteur aura l'impression d'acheter un livre hors-sujet. Le quatrième de couverture a lui aussi son importance : il peut aller d'un résumé du livre à une mise en abyme littéraire pour de la littérature, en passant par un mélange des deux.

Voici un livre, publié par JDH Éditions, dont le titre et la couverture sont en totale adéquation et se complètent merveilleusement, ce qui a aidé à faire connaître le livre en question et le conduire au succès, alors que le jeune auteur qui en est à l'origine était totalement inconnu.

L'auteur y parle d'un cycle de terribles crises qui se répète de siècle en siècle, d'époque en époque, et qui devrait débuter, selon ses modèles, en 2021. Le visuel, avec le 2, puis le 1 de « 2021 » qui pointent vers le bas, est totalement en adéquation avec le propos et le titre. Ainsi que la carte du monde, ou du moins de la partie du monde qui apparaît en fond de couverture. Car vous remarquerez qu'on n'y aperçoit pas l'Asie. Normal : l'auteur épargne l'Asie de cette crise qui commencerait en 2021… **Il faut toujours être honnête avec ses lecteurs, et avoir un visuel en adéquation avec son contenu**. Ne pas tromper le lecteur est un maître-mot.

Sur des livres de littérature, la couverture doit un peu montrer quelle va être l'ambiance du livre, pour qu'on ait vaguement une idée du style de l'auteur et de l'histoire. Le quatrième de couverture doit dépeindre une ambiance et être en adéquation avec l'illustration de couverture.

Une question qui revient régulièrement : faut-il toujours illustrer une couverture ?

Pas forcément. Vous avez des couvertures qui envoient des messages forts. Prenons par exemple celle de *Nos violences conjuguées* : ce type de couvertures envoie un message littéraire fort.

Tous les grands éditeurs en France ont l'habitude de faire ce genre de couvertures, très sobres, avec seulement le titre et le nom de l'auteur (pour *Nos violences conjuguées*, c'est un collectif), le genre (ici, témoignages), puis chaque éditeur trouve sa couleur et des mini logos très discrets qui marquent un peu l'empreinte. Ça envoie donc un message littéraire fort ; on sait tout de suite qu'il s'agit de littérature.

Il y a également des couvertures qui ne doivent certainement pas être illustrées quand on veut vraiment que le lecteur voie le titre avant tout. Par exemple, des pamphlets où le titre doit faire toute la couverture, tant il est fort. Tout est alors basé sur la présence du titre sur la couverture ; la couleur est aussi très importante, le noir est quelque chose d'assez sombre, souvent utilisé pour des thèmes préoccupants et des revendications.

Prenons ce pamphlet à succès en exemple : *Je ne pouvais pas les laisser mourir !*

Titre très fort. Aguicheur, même. Il le faut. L'écriture bicolore sur le noir ainsi que la police retenue évoquent beaucoup de choses pour les lecteurs. En l'occurrence, ici, ça rappelle un peu un slogan marqué sur un mur ou un tableau noir, mais selon les couleurs, ça peut évoquer différentes choses.

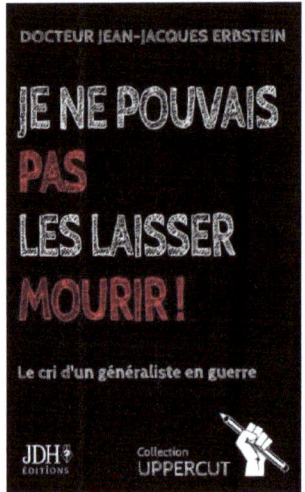

Sur des livres de finance, de développement personnel, quand l'auteur a un message à faire passer au lecteur, il a de plus en plus tendance à se mettre en avant ; cette mode nous vient des États-Unis. Le lecteur a besoin d'être en confiance en voyant à quoi ressemble l'auteur qui lui délivre ce message. Voici l'exemple d'un livre de développement personnel, dans la même collection que le livre que vous lisez. Il s'agit d'une méthode pour vous libérer de vos blocages, mise au point par l'auteure. Cette dernière doit donc apparaître, comme sur une couverture de magazine.

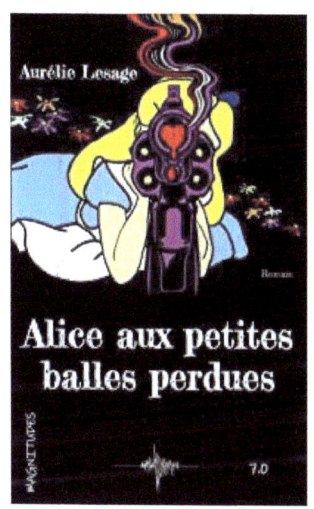

Pour du roman littéraire, il y a ceux qui illustrent et ceux qui n'illustrent pas, mais la tendance actuelle est de plus en plus à illustrer. Si on reprend l'exemple précédent, *Alice aux petites balles perdues*, l'illustration, faite par un professionnel diplômé des Beaux-Arts, saute aux yeux ! Combinée au titre, l'ambiance est de suite posée et attirera les lecteurs qui recherchent ce type de roman social. La couverture laisse penser que ce roman social serait un conte social, très urbain… mais pas forcément pour les plus jeunes.

Ce sont des livres dont la couverture est illustrée avec des illustrations qui, là encore, doivent tout de suite donner un message et dépeindre une certaine atmosphère du livre.

Donc, l'illustration doit travailler en symbiose avec le quatrième de couverture pour servir le titre, dirons-nous, et donner les informations qu'il faut au lecteur.

Pour résumer, la couverture est très importante, elle doit donner un message clair, l'illustration n'est pas obligatoire, ça dépend de ce qu'on souhaite mettre en avant, et tous les styles sont permis du moment que ça sert le livre.

Quoi qu'il en soit, évitez les couvertures qui font amateur. Même si vous êtes en autoédition, n'hésitez pas à faire appel à un professionnel pour votre couverture.

Je suis passé moi-même par l'autoédition. Vu que je n'ai pas de compétence en PAO, je vais vous montrer à quoi a ressemblé une couverture ratée, celle que j'ai faite

en autoédition. Le message passé est très mauvais, car du premier coup d'œil, on perçoit l'amateurisme d'une telle couverture.

Si vous n'avez pas les moyens de vous offrir les services d'un spécialiste, et que vous n'avez pas de compétence en PAO, mieux vaut alors faire une couverture basique, manière « littéraire », comme évoqué plus haut, surtout si votre ouvrage est littéraire.

Nota Bene :
Les couvertures qui ont servi d'exemples pour illustrer ce chapitre sont toutes des couvertures de JDH Éditions, non pour des raisons publicitaires, mais car je n'ai pas l'autorisation d'autres maisons d'édition afin de reproduire leurs couvertures, une couverture étant protégée.

10 – Comment vous médiatiser en tant qu'auteur ?

Auteurs, médiatisez-vous !

Après avoir choisi le bon sujet, la bonne couverture, le bon titre, le bon éditeur ou l'autoédition, si vous voulez avoir une chance d'avoir du succès, il est impératif que l'on parle de vous, car la ressource du 21e siècle, certes déjà présente au 20e siècle, c'est l'information. Il y a tellement de choses qui se passent, tellement de livres qui sortent que si le public n'est pas informé, il n'y a pas de raison qu'il achète un livre s'il ne connaît pas son existence. Donc, l'intérêt de se médiatiser est de plus en plus fort. Alors, comment se médiatiser ? Quel média utiliser ?

Il faut savoir faire appel à tous les types de médias. Déjà, votre éditeur, s'il travaille bien et dans un intérêt commun (je ne parle pas des éditeurs à compte d'auteur), est censé vous apporter une partie de la médiatisation ; l'éditeur prend contact, essaie d'envoyer votre livre à certains médias avec lesquels il a un partenariat. Il essaie aussi de vous faire connaître à travers ses propres médias s'il en a (c'est notre cas chez JDH Éditions, notamment avec la revue littéraire *L'Édredon* et l'émission télévisée *Les Pros de l'Éco* pour toute la partie des livres économiques que nous faisons ; une web TV est en préparation au moment où sont écrites ces lignes : *jdh.tv*). Donc, votre éditeur est censé vous aider à vous médiatiser, bien entendu, mais il faut aussi que vous vous preniez en charge ; l'éditeur ne peut pas tout faire. Il faut aussi que les auteurs contactent la presse locale, des influenceurs sur le Net, etc., pour se médiatiser, c'est très important.

D'une manière générale, quels types de médias utiliser ? Eh bien, un peu de tout. Je dirais, comme les spécialistes de marketing, qu'en général, ce qui est sur le web va bien avec le web, c'est-à-dire qu'un web média génèrera des achats sur le web, sur les plateformes (Amazon, Fnac, Cultura, etc.) ou sur la librairie en ligne de l'éditeur. En effet, lorsque quelqu'un lit un article sur le web, il a tendance à cliquer sur le lien ou à aller directement acheter sur le web ; c'est rare qu'il imprime l'article et qu'il aille dans une librairie et dise : « Je voudrais tel livre. » Par contre, lorsque vous avez des articles dans la presse, ce sont plutôt des articles qui vont déclencher des achats en librairie, en général : « J'ai vu un livre dans la presse, est-ce que vous l'avez ? » ou, si le libraire ne l'a pas en stock : « Est-ce que vous pourriez me le commander ? » Ceci fonctionne surtout avec la presse locale, donc n'hésitez pas à contacter la presse locale, et ils sont bien plus réceptifs aux auteurs de leur région qu'aux éditeurs surtout parisiens ou franciliens. **Que vous habitiez en Charente, en Alsace, en Bourgogne, contactez la presse locale vous-même ; encore une fois, quitte à me répéter, ils sont beaucoup plus réceptifs quand les auteurs font les démarches pour les contacter que quand les éditeurs, a fortiori s'ils ne sont pas de leur région, commencent à leur envoyer des livres, parce qu'ils sont submergés de livres, tout simplement.** Les articles de presse locale peuvent être intéressants pour faire des ventes dans des librairies locales, pour y organiser des dédicaces. Les libraires aiment bien qu'un auteur ait été remarqué par la presse, car cela fait venir plus de monde lors d'une dédicace, forcément. N'hésitez donc pas à les contacter, mais aussi à contacter des influenceurs. **Par expérience, je peux vous dire qu'un article de presse ne va pas forcément générer beaucoup de ventes, mais il**

sera un sésame pour aller voir un libraire et organiser une dédicace !

Concernant les passages à la radio, c'est plus compliqué, mais cela peut se faire ; là encore, sur des radios locales. N'hésitez pas à contacter les radios locales de votre région pour essayer d'y passer et de parler de votre livre.

Concernant tous les médias dont je viens de parler, les retombées ne sont pas énormes, ce n'est pas parce que vous avez un article dans un journal que vous allez faire 3 000 ventes, évidemment. Ce sont en général quelques ventes qui sont faites, il ne faut pas se leurrer.

Sur le web, peut-être un peu plus. Sur les réseaux sociaux, il faut que vous développiez une communauté, ce qui représente un tout autre travail d'auto-médiatisation, pour que vous puissiez parler régulièrement de votre livre, et plus vous avez de monde qui vous suit, mieux c'est, parce que les taux de pénétration de cette communauté sont très faibles ; si vous avez 200 personnes qui vous suivent et que vous sortez un livre, il y a des chances que vous ne fassiez aucune vente sur ces 200 personnes. Une belle communauté, c'est au minimum 5 000 personnes. Et c'est seulement à partir de 10 000 que vous serez considéré comme micro-influenceur.

Mais le meilleur média, le plus puissant au niveau de l'impact, c'est la télévision. Cela est bien connu et ce n'est pas un hasard que les grandes entreprises consacrent la moitié de leur budget publicitaire annuel sur ce média qu'est la télévision. La télévision est le seul média qui vous permet d'utiliser l'image, le mouvement, la couleur et le son, ce qui confère à votre passage TV ou votre publicité un pouvoir énorme. Contrairement aux autres médias qui exploitent un sens, la télévision joue sur deux sens. La combinaison du son et de l'image crée un fort impact. Cela fait de la télévision un média particulièrement persuasif.

Un auteur qui passe dans une émission de télévision génèrera forcément un certain nombre de ventes. Plus l'émission sera connue, aura un fort audimat, et plus les ventes se feront, car la cible sera plus importante. Encore faut-il que le sujet de votre livre soit en adéquation avec le thème de l'émission et avec la cible ! Si vous passez dans une émission de très grande audience et que vos sujets n'intéressent personne, personne n'achètera. Mais la télévision reste le média le plus puissant, c'est pour cela que nous avons développé notre propre émission de télé, *Les Pros de l'Éco*, mais cette émission est réservée à une cible économique, puisqu'elle est produite en collaboration avec TV Finance. Là encore, si l'on fait venir un auteur sur un sujet très littéraire, ça ne génèrera pas de ventes, car ce n'est pas la cible du public ; il faut que les auteurs qui passent dans une émission télévisée rencontrent un public derrière l'écran, cela est très important. Et aujourd'hui, les émissions télévisuelles sont rediffusées en podcasts, ce qui leur confère un intérêt supplémentaire : les ventes ne se font pas juste au moment où l'émission passe, mais se font aussi dans le temps, car l'émission sera vue et revue. Donc, n'hésitez pas aussi, lorsque vous passez à une émission TV, à la rediffuser sur vos réseaux, à demander à vos contacts de la partager sur leurs réseaux sociaux. Et n'hésitez pas non plus à créer une chaîne YouTube. N'oubliez pas que YouTube a l'impact d'une émission de télévision, surtout quand elle a beaucoup d'internautes, puisqu'elle a l'impact qui combine l'audio et le visuel.

Une dernière chose : un passage à la radio peut devenir une vidéo lorsqu'on fait un petit montage et qu'on met le livre, la tête de l'auteur, ou qu'on met des images de fond, des incrustations. Ainsi, cette vidéo peut être relayée de la sorte sur les réseaux. Encore une fois, ce qui compte aujourd'hui, ce n'est pas tant l'instant du passage que l'exploitation qu'on va faire de la vidéo ensuite. Pas six mois après, mais pendant les semaines qui suivent.

Fabrique d'un succès :
Devenez trader pro de Benoist Rousseau

Avec son livre à 49 € (ce n'est pas un petit prix), Benoist Rousseau a vendu plus de 10 000 livres *Devenez trader pro* en deux ans. Il s'agit d'un sujet qui n'est pas destiné au grand public. Ce serait un sujet grand public aux États-Unis, mais pas en France, où très peu de gens s'intéressent à la bourse et a fortiori au trading. Pourtant, ces 10 000 ventes, représentant plusieurs dizaines de milliers d'euros pour l'auteur, se sont faites à plus de 80 % en France et essentiellement sur Amazon. En effet, cet ouvrage n'est pas un ouvrage de librairie. Quasiment aucun libraire ne se constituera un stock de cet ouvrage qu'il ne saura vendre. Car c'est un ouvrage de niche. Atteignant des traders qui passent donc leur temps sur Internet.

Comment cet auteur en est-il arrivé là, sans aucune médiatisation, quasiment avec aucun article de presse ?

Il possédait au préalable un site internet, très suivi dans le domaine du trading. Ce site était accompagné d'une chaîne YouTube comptant quelque 15 000 abonnés. Postant une vidéo chaque jour, l'auteur avait déjà, en amont de la publication de son livre, créé une sorte d'addiction chez sa communauté qui attendait chaque jour ses conseils, ses opinions, ses analyses. Les vidéos sont faites proprement, mais avec des moyens minimalistes (iPhone et micro). Juste avant le lancement de son livre, il a commencé à communiquer dessus. Ce qui a créé une attente. Dans un tel cas de figure, **il ne faut surtout pas communiquer trop tôt, car l'attente doit être brève.** Si vous avez une communauté, **ne parlez pas de votre livre plus d'un mois avant son lancement, vous brûlerez des cartouches.**

Les stratégies du succès

Une fois le livre lancé, le plus épatant est que le succès a été réparti sur le temps. Ce n'est pas un succès éphémère, mais régulier. Le nombre de ventes mensuel a bien rencontré un pic au début, mais ensuite, il s'est établi de manière constante dans le temps.

Au départ, en mai 2019, le titre a frôlé la très convoitée première place du classement Amazon, tous livres confondus. Puis, au fil des mois qui ont suivi, à force de tweets réguliers et de vidéos postées et relayées, il s'est maintenu entre la 1000e et la 10000e place de ce classement. L'auteur a bien voulu nous fournir le graphique qu'Amazon met à disposition des auteurs qui créent un espace auteur. La forte baisse au milieu du graphique correspond à la période du premier confinement où Amazon France avait cessé de vendre des livres.

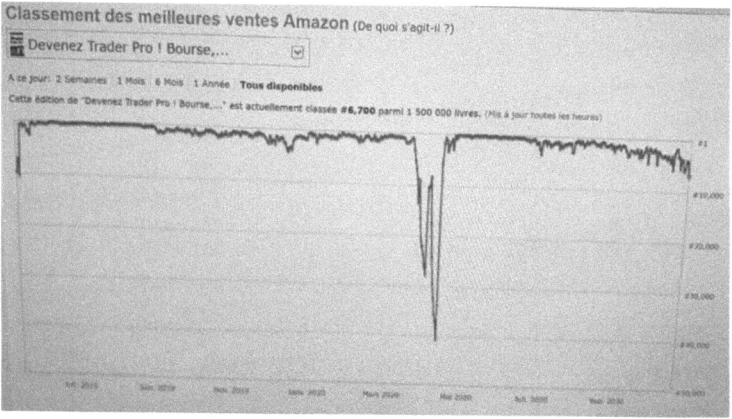

L'auteur a en effet régulièrement communiqué. Il a fait de nombreuses vidéos sur sa chaîne YouTube, presque une par semaine. Et n'a cessé également d'envoyer des tweets. Il a en effet 9 000 abonnés sur Twitter. Entre tweets et vidéos, ce sont des heures et des heures de communication. En sachant que les tweets sont très souvent les mêmes, et qu'il n'a pas eu besoin de passer des heures à inventer de nouveaux tweets. Le matraquage… C'est cela qui a fonctionné. Ne jamais abandonner la promotion du livre, et ne pas hésiter, comme lui, dans les vidéos, à lire des passages du livre.

De plus, il demande régulièrement, sans gêne, à sa communauté, à ses acheteurs, de laisser des commentaires sur Amazon. Comme nous le verrons plus bas, cela a une certaine importance.

Ce cas de figure montre tout l'intérêt, et il est grandissant, des réseaux sociaux ! Aujourd'hui, disons-le clairement, ils sont incontournables.

Comme vous le savez, il y a plusieurs réseaux sociaux. Le principe général est que les réseaux sociaux vous permettent de toucher du monde, c'est une sorte de média individuel ; on appelait ça du microblogging au début des années 2010, lorsque ça a commencé à se diffuser dans la population, c'est comme si vous aviez plusieurs petits blogs individuels qui vous permettent de toucher du monde, c'est bien le principe des réseaux sociaux : nouer des relations et donc vous faire connaître. Je pense qu'aujourd'hui, en 2021, dans les grandes lignes, c'est incontournable de passer par les réseaux sociaux pour vous faire connaître ; même si vous êtes édité chez un grand éditeur, chez une grande maison très connue, si vous n'êtes pas sur les réseaux sociaux, vous allez forcément réduire votre nombre de ventes, car les réseaux sociaux sont vraiment incontournables, a fortiori quand les auteurs ne sont pas très connus. C'est la raison pour laquelle, chez JDH Éditions, nous développons beaucoup notre présence sur les réseaux sociaux : au mois d'avril 2021, notre page Facebook a plus de 7 500 abonnés, et ça va continuer. C'est très important pour se faire connaître, se faire remarquer, pour nous comme éditeur, mais pour vous aussi comme auteur.

Le réseau social de référence, le plus incontournable et celui qui a le plus puissant impact pour toucher du monde, faire vendre et faire connaître vos livres, c'est YouTube. **Le média le plus puissant est la télévision, et la transposition de la télévision en termes de réseaux sociaux, c'est bien YouTube.** YouTube touche tout le monde, YouTube est crédible, on n'entend pas dire : « Sur YouTube, c'est des complotistes », etc. (il y en a quand même, certes), et YouTube touche toutes les catégories de population. Avoir une chaîne YouTube est un must ; maintenant, développer une chaîne YouTube n'est pas facile, collecter beaucoup de gens qui suivent votre chaîne YouTube ne l'est pas non plus, c'est un vrai travail à mettre en place, mais qui peut en valoir la peine. Si vous ne vous sentez pas capable de devenir « youtubeur » et de faire vos vidéos, développer votre chaîne YouTube, avoir quelqu'un qui vous fait le montage (parce qu'il faut que ce soit un minimum professionnel, YouTube se professionnalise de plus en plus), dans ce cas-là, n'hésitez pas à faire des vidéos basiques et à demander à quelqu'un de votre entourage de vous les travailler un peu. Vous pouvez aussi contacter des youtubeurs qui parlent de livres et essayer de les faire parler du vôtre ; certains monnayeront la prestation et c'est normal, certains vivent de ça aujourd'hui, donc il faut négocier, il faut voir quel est le tarif, mais ça peut être utile, donc il ne faut pas hésiter. YouTube a un peu l'impact d'une émission de télé, surtout quand il y a beaucoup de vision ; encore une fois, l'audiovisuel marque, c'est vivant, vous avez l'impression que la personne est en face de vous, c'est ce qui fait la force de ces médias. Il peut y avoir de l'humour, de la mise en scène, il peut y avoir de nombreuses choses qui marquent les esprits. Donc, plus il y a de gens qui voient, plus ça va marquer de gens. Pour les émissions TV, plus elles sont visualisées, plus elles auront un impact ; la chaîne YouTube, c'est exactement pareil.

Pour le reste, vous avez différents réseaux sociaux, chacun ayant ses spécificités. Sur Facebook, il faut avoir une page d'auteur, c'est très important, ce n'est pas juste sur votre profil qu'il faut parler aux gens qui vous suivent, il faut créer une page d'auteur, cela ne coûte rien, et puis vous faites venir du monde, vous demandez aux gens de « liker » votre page et à la partager, surtout. Allez aussi dans des groupes d'auteurs, inscrivez-vous à des groupes de lecture où vous parlez de votre livre, c'est très important également. Ne visez pas forcément les groupes où il y a 10 000, 15 000 personnes, parce que les messages sont noyés ; vous mettrez un message sur votre livre et, trente secondes après, il y aura quelqu'un qui parlera d'un autre livre d'un auteur, et quarante-cinq secondes après, il y aura quelqu'un qui parlera d'un livre du XVIIIe siècle, ce sera noyé. Prenez des groupes de taille moyenne. Pas trop petits non plus : s'il y a 50 personnes, ça ne sert à rien, vous perdez votre énergie. Des groupes de 1 000, 2 000, 3 000 personnes : un bon compromis. Mais allez sur plusieurs dizaines de groupes. **Mieux vaut vous faire connaître sur 40 groupes de 1 500 abonnés chacun que sur un groupe de 60 000 abonnés.** C'est plus de travail, mais le succès sans travail, cela reste du domaine du fantasme. Quant à votre page d'auteur, une fois que vous l'avez, vous pouvez très bien la booster, c'est-à-dire essayer de mettre un petit budget pour la faire connaître ou pour faire connaître certaines publications ; cela ne peut se faire que sur les pages, pas sur les profils. Les profils, c'est vous, c'est un profil personnel.

Instagram est un réseau social très visuel. Vous pouvez y aller, vous mettez des couvertures, des visuels forts par rapport à vos livres, cela est impactant sur Instagram, et ça peut avoir un impact parce qu'on est sur le visuel ; le visuel, ça marque, donc n'hésitez pas. Et sur Instagram, il faut aussi contacter des instagrameurs ou instagrameuses, surtout spécialisés dans les livres – cela se nomme « bookstagrammeurs » et « bookstagrammeuses » – afin que ces personnes parlent de vos livres ; en général, le deal, c'est que vous leur offrez un livre pour qu'ils en parlent après. Évidemment, il faut faire des recherches pour les trouver, puis lancer une conversation, nouer une relation pour faire parler de vos livres. Nous utilisons beaucoup ces procédés chez JDH Éditions.

Twitter peut également fonctionner, mais il faut vraiment beaucoup de followers. Twitter fonctionne avec une grosse masse de followers.

Enfin, concernant LinkedIn, ce réseau est très qualitatif, contrairement aux autres réseaux sociaux. Ce n'est pas un mélange de toutes classes sociales ; quand je dis « qualitatif », je parle en termes de revenus, de position sociale. Donc, sur LinkedIn, n'allez pas publier des livres qui n'entrent pas dans la sphère économique, business, etc., sinon, vous allez plutôt polluer vos contacts qu'autre chose et perdre des abonnés ; ce serait contre-productif. Sur LinkedIn, par contre, vous pouvez éventuellement essayer discrètement de contacter des gens qui travaillent dans la presse, ça peut être intéressant : « J'ai écrit ce livre, voudriez-vous en parler ? », par exemple. Mais comme j'ai vu certains auteurs le faire, je leur ai demandé d'arrêter de le faire, n'allez pas publier vos romans sur LinkedIn : non, les gens qui sont sur LinkedIn ne sont pas là pour ça, ils sont là pour faire du business et pour nouer des relations de business, ils ne sont pas là pour des contacts plus ou moins amicaux ou pour des débats (comme c'est le cas sur Facebook, par exemple).

11 – E-books : avantages et inconvénients

Avant d'être éditeur, je pensais, comme beaucoup d'auteurs, que les e-books étaient la panacée, qu'il fallait absolument que mon livre soit fait en e-book. En 2021, après pratiquement cinq ans d'expérience dans le monde de l'édition, je m'aperçois que les choses ne sont pas aussi simples, aussi évidentes, et ne sont pas aussi homogènes que cela. Ce que j'observe empiriquement, c'est que l'e-book a des avantages et des inconvénients, et selon le type de livres que vous écrivez, il peut y avoir plus d'avantages ou plus d'inconvénients.

D'une manière générale, les grands avantages de l'e-book sont qu'il y ait un format numérique, donc que certains lecteurs puissent acheter le livre à un coût un peu moindre, et aussi que des lecteurs à l'autre bout du monde puissent vous lire plus facilement qu'en commandant un livre qui va mettre un mois pour arriver s'il n'est pas disponible dans leur pays. Ce sont les avantages majeurs de l'e-book. Sans oublier l'aspect écologique, bien entendu.

Mais il y a également beaucoup d'inconvénients. Il faut déjà savoir qu'en France, les e-books se vendent assez peu ; on n'a jamais dépassé les 7 à 8 % du marché du livre. Lorsque le concept a émergé à la fin des années 2000, il montait en flèche et on pensait que le chemin serait le même qu'aux États-Unis, où l'e-book atteint 30 %, 40 % des ventes, ce qui est énorme. Mais non ; en France, on n'a jamais réussi à franchir le cap des 10 %, et ça a même tendance à régresser un petit peu ces dernières années. Donc, le premier inconvénient est que ça ne se vend pas très bien. Et il y a également, bien sûr, tous les problèmes de piratage : un e-book est beaucoup plus facile à pirater qu'un livre. Les pirates peuvent pirater ce qu'ils veulent, il faut bien s'en rendre compte, mais un e-book sera toujours plus facile à pirater, même avec toutes les protections qui existent (les DRM, etc.), et l'éditeur ne peut rien contre ça, ni l'auteur, ni les distributeurs, ni les libraires. Il y a des piratages qui circulent sur le Net, et beaucoup plus facilement lorsqu'un livre est disponible en e-book, évidemment.

À partir de ces avantages et ces inconvénients un peu génériques, on peut en déduire qu'il y a des catégories de livres pour lesquelles il faut tenter l'e-book et d'autres pour lesquelles il vaut mieux éviter. Pour tout ce qui est littérature générale, grande littérature, etc., il vaut mieux éviter, l'e-book ne sert à rien, d'autant plus que le lecteur aime bien posséder le livre, l'objet livre, sentir les pages du livre, les toucher, pouvoir se plonger dedans, ce qui n'est pas possible avec un e-book. Il y a une dimension d'œuvre d'art ; sur notre collection littéraire « Magnitudes », par exemple, nous faisons très peu d'e-books, parce que ce sont des objets dans lesquels les lecteurs aiment se plonger, voir les couvertures que nous faisons, les faire trôner sur leur bibliothèque, etc. C'est la même chose pour certains livres d'économie, de bourse, sur la collection « Les Pros de l'Éco », par exemple les livres sur le trading et autres, on évite les e-books, d'une part parce que le lecteur peut avoir besoin du support quand il va regarder son écran d'ordinateur, pour voir, comparer, prendre des notes, éventuellement, et puis ce sont des domaines où les gens qui vont potentiellement acheter sont très technophiles, donc il y en a beaucoup qui vont partager très facilement, beaucoup plus facilement que sur de la littérature, donc on évite aussi les e-books.

Par contre, l'e-book est très intéressant sur des petits livres. Par exemple sur des pamphlets, de 40, 50, 60 pages, ce ne sont pas forcément des livres que les gens vont vouloir mettre dans leur bibliothèque ou dans lesquels ils vont vouloir se replonger ; c'est un peu comme de gros articles de journaux, très développés… Bien sûr, ça reste un livre, mais l'e-book fait l'affaire. On observe 20 % à 30 % de ventes en e-books sur nos pamphlets.

Mais il y a aussi tout un tas de livres où la question se pose à chaque fois : e-book ou pas e-book ? Et c'est un peu la balle au centre.

12 – Google Books : un mal ou un bien pour vos livres ?

Après plusieurs mois de travail, de corrections et d'échanges avec l'éditeur, votre livre est publié. Vous êtes très heureux de voir que votre livre est en vente sur les sites des librairies en ligne et parfois dans les librairies physiques… et là… horreur : vous avez l'impression que l'intégralité de votre livre est consultable gratuitement sur Google Books !

Du calme… il n'en est rien.

Il est important de se rendre compte que Google Books sert à référencer les livres qui sont publiés et à fournir aux internautes un aperçu des livres, donc dites-vous bien une chose : **un livre n'est absolument jamais consultable en intégralité sur Google Books**, il s'agira seulement d'une partie du livre. Certains auteurs y sont opposés, parce qu'ils parlent du droit à la propriété intellectuelle, etc., mais Google Books est entré dans les mœurs aujourd'hui, et pour beaucoup de gens qui veulent faire des achats sur Internet, aller voir un livre sur Google Books, c'est un peu comme ouvrir un livre dans une librairie, d'une certaine façon, pour regarder un peu le texte, voir de quoi il s'agit. Honnêtement, personne n'essaiera de substituer une lecture gratuite sur Google Books à un achat du livre s'il a vraiment envie de lire le livre en intégralité. En effet, sur Google Books, vous allez trouver seulement des extraits du livre, et ça ne peut jamais dépasser 25 à 30 % de l'ensemble du livre.

Prenons un exemple : *Le grand con*. C'est un roman que nous avons publié dans la collection littéraire Magnitudes, collection consacrée à la littérature contemporaine. *Le grand con* est donc sur Google Books, on peut voir des extraits du livre en consultation, ce qui permet de se rendre compte du style de l'auteur, voir comment il écrit, quel est son propos, de quoi ça parle, et ça permet au lecteur de se rendre compte s'il a envie de l'acheter ou pas. Mais sur Google Books, vous ne trouverez pas, par exemple, le livre consultable de la page 1 à la page 200 (*Le grand con* fait à peu près 300 pages). Sur Google Books, vous aurez une lecture jusqu'à la page 25, puis une lecture de la page 38 à la page 42, puis de la page 65 à la page 70, puis de la page 90 à 100, etc. En tout, vous avez donc un quart, voire un petit tiers du livre consultable sur Google Books, donc il faut se rendre compte que la lecture est hachurée, que personne ne peut dire qu'il a lu le livre parce qu'il aura lu des extraits hachurés sur Google Books. Par contre, ça lui donne envie (ou pas) d'acheter le livre. Alors, oui, ça freinera sûrement certaines personnes d'acheter un livre s'ils n'accrochent pas sur Google Books. Mais il faut savoir une chose importante : si des gens qui n'accrochent pas à un livre, il vaut mieux qu'ils s'en rendent compte au départ et qu'ils ne l'achètent pas, plutôt que de l'acheter et de mettre ensuite de mauvaises critiques sur Amazon, la Fnac, des blogs littéraires, les réseaux sociaux, etc. Il vaut mieux qu'ils se rendent compte dès le départ que le livre ne leur convient pas, ne leur correspond pas.

Pour résumer, je trouve, en tant qu'éditeur, que Google Books est très utile pour faire la promotion d'un livre, pour vendre un livre, et je pense que c'est plus vendeur qu'autre chose. Chez JDH Éditions, nous fonctionnons de manière très démocratique, puisque nous avons cet esprit communautaire, et en donnant ces éléments, j'ai interrogé les auteurs de la maison pour savoir s'ils voulaient continuer sur Google Books ou pas : entre 15 et 20 % ne voulaient pas, mais une immense majorité, plus de 80 %, trouvait que c'était intéressant d'être sur Google Books, donc l'intégralité de nos livres continue d'être sur Google Books, d'autant plus que pour une maison d'édition, on ne peut pas choisir au cas par cas, Google ne le permet pas : soit la maison d'édition décide de renoncer à Google Books, soit la maison d'édition cède tout à Google Books. C'est tout ou rien, et nous n'y pouvons rien ; nous n'avons pas le poids suffisant face à des institutions comme Google ou Amazon. D'ailleurs, les deux sont couplés, car, il faut le savoir, le référencement des livres sur Google Books aide au référencement sur Amazon. Il s'agit donc d'un atout supplémentaire.

JDH Éditions, dans l'immense majorité de ses auteurs, et avec la bénédiction de son éditeur et de ses directeurs de collection, est *pour* Google Books et soutient à fond le fait que les livres soient en partie consultables sur Google Books, ne serait-ce que pour une question d'honnêteté vis-à-vis des futurs lecteurs.

13 – Bien utiliser Amazon

Amazon : incontournable clé du succès

Amazon est le symbole du capitalisme du 21e siècle. Start-up créée dans les années 90 par un Américain d'origine modeste, elle capitalise aujourd'hui 1 500 milliards d'euros, fait plus de chiffre d'affaires que le PIB de la Grèce. Amazon est le symbole du rêve américain et le cauchemar des anti-capitalistes. Elle est aussi le cauchemar des libraires, qui, pourtant, pour nombre d'entre eux, regardent régulièrement les classements des livres sur Amazon pour se faire une idée de ce qu'ils vont commander, en dehors des ouvrages d'auteurs très connus.

Entendre des auteurs dire qu'ils ne veulent pas que leur livre soit sur Amazon est d'une stupidité affligeante. Amazon est incontournable dans le monde du livre. Le livre est d'ailleurs son métier de base, son premier métier.

Que vous appréciez ou non Amazon, et quoi que vous en pensiez, soyez pragmatique ! Il est nécessaire de composer avec Amazon. Bien qu'il n'y ait pas de chiffres officiels, on peut estimer qu'un cinquième des ventes de livres en France se fait sur Amazon. Et l'essentiel des ventes de livres d'Amazon se fait en direct. Les revendeurs (via la marketplace) ne représentent que 20 % des ventes de livres sur Amazon.

Ne pas opposer Amazon aux libraires

Dites-vous bien aussi qu'Amazon donne sa chance à tous les auteurs. Si vous êtes autoédité, ou même édité par une maison d'édition sérieuse qui ne fait pas partie du Top 20 français, essayez d'aller placer vos livres chez un libraire indépendant et vous verrez à quel point vous êtes froidement accueilli.

Avant de jeter la pierre, il faut comprendre. Les libraires n'ont pas une place illimitée. Pensez-vous qu'ils puissent accueillir les 750 000 livres publiés en France, ou les 80 000 nouveautés annuelles ? Encore une fois, pourquoi le vôtre plutôt qu'un autre ? Amazon, de son côté, peut tout accueillir ! Et propose même de l'autoédition maison. Mais je vous déconseille de vous autoéditer sur Amazon, car vous vous coupez du reste des circuits de distribution.

Amazon est un élément important de la distribution de livres, un élément incontournable, mais n'est pas le seul.
Votre stratégie doit donc tenir compte de cet état de fait.

Pour une maison d'édition comme la nôtre, qui développe une stratégie fortement axée sur Internet (et c'est le cas de beaucoup de maisons récemment apparues), Amazon représente une bonne moitié des ventes. Surtout sur des livres pratiques, pédagogiques, financiers, médicaux, etc. En littérature, la romance ou les thrillers trouvent aussi un bon public sur Amazon. Cela est nettement moins vrai sur la littérature contemporaine générale.

Les règles essentielles pour réussir à générer des ventes sur Amazon

Aussi, quelques règles essentielles sont à connaître afin de donner de la visibilité à votre livre sur Amazon.
À commencer par le titre.

Sur Amazon, en effet, les internautes tapent des sujets ou des thèmes sur le moteur de recherche. Le moteur de recherche d'Amazon est un des plus consultés au monde, après celui de Google ou de YouTube. Selon l'étude « The Future Shopper 2019 », Amazon est devenu le premier moteur de recherche lorsqu'il s'agit de s'informer sur les marques. C'est en effet le premier site que les internautes visitent pour s'informer sur une marque avant de procéder à un achat, en ligne comme en magasin !

Si votre livre n'est pas un roman mais un guide pratique, ou un livre spécialisé, il va falloir sérieusement intégrer cette dimension dans le choix de votre titre.

Il n'y a pas de site où vous pouvez consulter les requêtes faites sur Amazon par les utilisateurs. Mais il existe de nombreux sites où vous pouvez consulter les requêtes faites sur Google. Et on peut légitimement présumer que les requêtes Google et Amazon sont corrélées.

Un site comme Ubersuggest (consultable gratuitement 3 fois par jour, pas plus) vous permet d'avoir une idée. Idée qui vous servira à bien choisir votre titre, tout en gardant à l'esprit que le titre doit valoriser le contenu de votre livre sans jamais le trahir (cf. chapitre 9). **Ainsi, tâchez de placer dans votre titre (ou sous-titre) un mot-clé fréquemment tapé sur Google**. Étant donné que le choix d'un titre se fait normalement en concertation avec votre éditeur, si ce dernier n'est pas technophile, n'hésitez pas à le convaincre du bien-fondé de votre démarche !

Enfin, pour que votre livre ait une visibilité sur Amazon, n'hésitez pas à demander à vos lecteurs de laisser des commentaires et de noter le livre. De préférence avec des scores flatteurs (au moins 4 étoiles). Plus il y a de notations, mieux ce sera !

Le secret du choix du titre du présent livre

Au départ, je voulais appeler ce livre : « *Devenez auteur à succès* ».

J'ai constaté que l'expression « auteur à succès » est tapée 40 fois par mois sur Google. C'est très peu.

Alors j'ai regardé « écrivain à succès » : 100 fois par mois. C'est peu.

Mais « écrire un livre » est tapé 6 600 fois par mois ! C'est une belle requête !

Certes, le mot « auteur », tout seul, est tapé plus de 12 000 fois par mois et le mot « écrivain », plus de 14 000 fois. Mais ceux qui tapent « auteur » ou « écrivain », ce n'est pas pour devenir auteur ou écrivain ! C'est pour chercher des auteurs/écrivains. D'ailleurs, « devenir écrivain » est une expression tapée 1 000 fois par mois. Bien moins que le mot « écrivain » tout seul. Par rapport à la cible recherchée, « écrire un livre » est donc l'expression idéale. Il suffit de rajouter « à succès », et le tour est joué ! Un coup d'œil sur Amazon montre que ce titre n'existe pas, et qu'en quelque sorte, on peut dire qu'il est libre.

14 – Mon livre peut-il devenir un film ?

Une question qui revient régulièrement de la part d'un certain nombre d'auteurs, et je les comprends, étant moi-même auteur : est-ce que ce serait possible que mon livre devienne un film ?

Un film, voire un simple téléfilm, c'est avoir du succès ! Et parfois, le succès, il faut aller le chercher !

Voir son livre adapté en film : c'est le rêve de beaucoup d'auteurs. Évidemment que c'est possible ! Mais c'est très compliqué. Sans rentrer dans le détail des procédures, ce qu'il en ressort, selon mes entretiens avec des personnes de la profession, tant dans le monde de l'édition que dans le monde cinématographique, c'est que très peu de livres finissent en films (au sens large du terme ; cela peut aussi bien être un reportage qu'un film au cinéma). Néanmoins, il faut savoir que sur l'ensemble des films qui sortent au cinéma, 20 % sont adaptés d'un livre, bien souvent d'un roman, ce qui représente à peu près deux tiers des adaptations.

Pour en arriver là, il faut déjà que le livre en question, roman ou autre, ait rencontré un vrai succès sur le marché ; il faut vraiment qu'il soit énorme et retentissant pour qu'un cinéaste vienne s'intéresser au livre et ait envie de le transposer en film ; sans vouloir décevoir qui que ce soit, ce cas arrive très rarement.

Dans les cas plus courants de transposition en film, lorsque l'éditeur repère un livre qui est de très grande qualité et qui aurait un potentiel d'adaptation cinématographique (car tous les livres n'en ont pas ; il faut qu'ils soient très visuels et possèdent un certain nombre d'attributs), si ce livre rencontre un certain succès, c'est à l'éditeur de traduire ce livre pour aller le faire adapter en format cinématographique, ou du moins le proposer à des maisons de production. Ici, traduire signifie traduire en script : en quelque sorte, le script est un langage. C'est le langage de toutes les personnes qui travaillent dans le monde du cinéma ; un cinéaste ne va pas prendre votre roman, le lire et se dire : « Tiens, je vais en faire un film. » Ce qu'il prendra, pour déterminer une adaptation, c'est un script. Un script est complètement différent d'un roman, c'est transposé.

Ainsi, prenons la séquence littéraire suivante :

« Tandis qu'il entrait dans cette vaste pièce dont le plafond lui semblait être un ciel étoilé, un bruit interpella ses tympans. Bruit qui fut suivi d'un sourd claquement. Saisi, il se retourna. »

En script, cela se traduit à peu près de la manière suivante :

<u>Scène 18</u>
Il rentre dans la pièce
Bruits
Claquement
Il se retourne.

Un roman doit donc être transposé en script, ce qui coûte en général quelques milliers d'euros, donc il faut que le livre ait rencontré un certain succès pour que l'éditeur ait envie d'investir à ce niveau-là ; parfois, ça peut également se faire en collaboration avec l'auteur. Ensuite, ce sera simplement au bon vouloir des sociétés de production qui seront démarchées ; c'est exactement comme quand vous écrivez un roman et que vous démarchez un éditeur, sauf que dans le cas présent, à la fois l'éditeur et l'auteur démarcheront les sociétés de production. Sans éditeur, ce sera encore plus compliqué.

Mais c'est un long parcours sinueux et il n'y a que très peu d'élus au bout du compte ; cela dit, ce n'est pas impossible.

15 – Dois-je faire préfacer mon livre ?

Une question que de nombreux auteurs se posent régulièrement : dois-je faire préfacer mon livre ? Ma réponse, de manière générale, est oui ; c'est toujours une bonne chose d'avoir une préface.

Maintenant, une préface, à quoi cela peut-il servir ? Une préface donne une certaine légitimité à votre livre si vous n'êtes pas très connu, et même si vous êtes connu, ça appuie la légitimité du livre en question. Une préface est une sorte de cautionnement ; elle est toujours utile, mais en toute franchise, ce n'est pas ça qui vous fera vendre votre livre. Les fans, les lecteurs habituels du préfacier (ou préfaceur) ne vont pas spécialement acheter le livre parce qu'il est préfacé par untel.

Exemple : *Mon vélo est une vie*, par Théodoro Bartuccio, préfacé par Michel Cymes (qui apparaît d'ailleurs sur la couverture). Ce livre s'est vendu par rapport au public auquel il doit se vendre, mais tous les fans de Michel Cymes n'ont pas acheté ce livre parce qu'il l'a préfacé.

Autre exemple : *L'ultime secret de l'univers*, par Janik Pilet, professeur émérite, préfacé par Jean-Claude Bourret. Ce livre est ésotérique, et Jean-Claude Bourret, célèbre présentateur TV des années 80, est vraiment reconverti dans l'ésotérisme aujourd'hui. Les fans de Jean-Claude Bourret, qui a une communauté sur Internet, n'ont pas spécialement acheté le livre parce qu'il l'avait préfacé.

En résumé, ne croyez pas qu'en faisant préfacer votre livre par quelqu'un de connu, vous allez avoir toute la communauté, les suiveurs, les followers, comme on les appelle aujourd'hui, de cette personne-là qui vont acheter votre livre.

Par contre, la préface donne une légitimité, une crédibilité. Quand vous allez voir des libraires, par exemple, pour faire des dédicaces, ça appuie votre propos ; lorsque vous voulez placer votre livre au niveau de la presse, c'est plus facile aussi que pour un livre qui n'est pas préfacé.

Encore une fois, ce n'est pas une fin en soi, ce n'est qu'un plus dans la vie du livre.

Pour les romans, en revanche, la préface a beaucoup moins d'utilité et peut même le desservir. En général, un roman ne se préface pas, il faut que ce soient vraiment des cas exceptionnels.

16 – Participer à un prix littéraire

Il existe près de 2 000 prix littéraires en France ! Selon Wikipédia : « *Un prix littéraire est une distinction remise pour une œuvre littéraire particulière par des institutions publiques ou privées, des associations, des académies, des fondations ou encore des personnes individuelles. La plupart des prix sont décernés annuellement (…).* »

Peu de prix littéraires sont assortis d'une somme d'argent. Même le Goncourt est assorti d'une somme minime, mais cela est largement compensé par un énorme tirage, une médiatisation à outrance et forcément des ventes qui suivent.

Participer à un prix littéraire vaut-il le coup ? Si vous visez le succès, oui ! Car obtenir un prix, c'est avoir rencontré une forme de succès, une reconnaissance. Mais si vous visez les ventes, non ! Un prix ne va pas doper significativement les ventes. Selon Wikipédia, « *seuls les 5 "grands" (prix Goncourt, Femina, Médicis, Renaudot et Interallié) dopent significativement les ventes* ».

La problématique des prix littéraires est la même que celle qui se pose dans le milieu du livre en général. Il y a une telle inflation du nombre de prix littéraires que chaque prix a une moindre importance ! Cela dit, il sera toujours plus facile de convaincre des libraires avec un prix littéraire que sans prix littéraire ! Certaines maisons d'édition créent des prix internes (pourquoi pas) afin de donner de la notoriété à certains de leurs livres.

Il existe des prix pour les auteurs autoédités, mais la concurrence est rude, très rude… Et la plupart du temps, toute candidature à un prix littéraire doit passer par une maison d'édition. Cela dit, les lignes sont en train de bouger, et même le jury du prix Renaudot a récemment sélectionné un auteur autoédité !

Évidemment, cela peut valoir le coup de participer à un prix littéraire prestigieux, mais la minceur extrême des chances que votre démarche aboutisse fait que vous risquez d'y passer du temps pour rien. C'est un peu comme acheter un billet de loterie. Vos chances d'obtenir le Goncourt si vous ne faites pas partie depuis des années de ce monde très parisien sont les mêmes que de gagner à l'Euromillion ! Dites-vous bien que la cooptation est très importante, et que ce sont très souvent les mêmes éditeurs qui obtiennent ces prix.

Quant à demander à votre éditeur de participer à un prix, il y a de fortes chances qu'il vous le refuse, car, une fois de plus, seuls les grands prix vont générer des ventes substantielles, et participer à un prix de renom est coûteux. Il faut en effet très souvent envoyer un exemplaire à chaque membre du jury. Lorsqu'ils sont une quinzaine, cela correspond à 150 € environ (tirage du livre plus affranchissement ; un livre est un objet pesant souvent plus de 500 grammes). Néanmoins, si vous tenez vraiment à participer à un prix littéraire, qui doit passer par votre éditeur, proposez à ce dernier de l'indemniser. Mettez-vous à sa place, si chacun de ses auteurs lui demande de sortir 100 ou 150 € pour participer à un prix littéraire où les chances de réussir sont infiniment minces.

QUESTION D'AUTEUR :
Puis-je demander un à-valoir à mon éditeur ?

Rien à voir avec le succès d'un livre. Mais psychologiquement, un auteur qui reçoit un à-valoir a déjà le sentiment d'être aux portes du succès.

Aussi, il y a une question qui nous est souvent posée, surtout de la part d'auteurs néophytes : est-ce que vous mettez des à-valoir dans vos contrats d'édition ?

L'à-valoir est une somme que l'éditeur paie à l'auteur au début, c'est-à-dire soit au moment de la signature du contrat, soit, plus souvent, au moment où le livre est lancé, mis en production et distribué. C'est une somme forfaitaire qui est fixée dans un contrat ; cette somme est une sorte d'acompte sur les ventes qui vont être réalisées. Par exemple, pour un livre à 10 euros, les droits d'auteurs traditionnels représentent 10 % (ce qui est déjà le haut de la fourchette sur un livre à 10 euros) ; si l'éditeur estime qu'il est certain que le livre va se vendre à 1 000 exemplaires (1 000 exemplaires représentent donc 1 000 euros), dans ce cas-là, il met 1 000 euros d'à-valoir à l'auteur dans le contrat et 0 % de droits d'auteur sur les 1 000 premiers exemplaires.

L'à-valoir va permettre à l'auteur de ne pas attendre que le livre se vende, donc ne pas attendre l'année suivante, d'avoir une partie de sa rémunération tout de suite. Cela sécurise aussi l'auteur, car si jamais le livre ne se vend pas, il faut savoir que l'éditeur ne peut pas réclamer à l'auteur l'à-valoir qu'il lui a donné. Donc, si vous voyez des maisons d'édition qui vous proposent des à-valoir et qui vous mettent une clause comme quoi vous devrez rembourser l'à-valoir si ce livre ne se vend pas, c'est une clause illégale : l'à-valoir est acquis une fois pour toutes par l'auteur.

Sincèrement, JDH Éditions, comme les autres maisons d'édition sérieuses, ne mettent que très rarement des à-valoir. Pourquoi ? Parce que mettre un à-valoir sous-entend d'être quasiment sûr que le livre va bien se vendre, et on sait que rien n'est jamais sûr en matière de ventes de livres.

Quels sont les deux grands cas de figure où l'on met des à-valoir ? Premièrement, lorsque l'éditeur fait une commande ferme à un auteur, qu'il veut vraiment un livre, que l'auteur va travailler pour l'éditeur pour faire ce livre. Dans ce cas, pour le récompenser, bien souvent, l'éditeur lui propose un à-valoir, puisque l'é

diteur voulait ce livre et que l'auteur n'a rien demandé ; s'il ne se vend pas, l'éditeur assume. Le deuxième cas de figure, le plus courant, sera lorsque l'auteur est très connu, médiatisé, lorsque tout le monde sait que ses livres se vendent rien que sur son nom. Dans ce cas-là, l'auteur peut négocier un à-valoir avec l'éditeur, d'autant plus important du fait que l'auteur est connu ; plus il est célèbre, plus il va faire un nombre de ventes conséquent.

En dehors de ces deux cas de figure, l'à-valoir est quelque chose de très rare dans le milieu de l'édition : moins de 5 % des contrats d'édition sont faits avec des à-valoir, car un auteur peu ou pas connu, qui n'a jamais écrit de livre, ou même un ou deux livres qui ne se sont pas forcément bien vendus, ne peut pas prétendre à un à-valoir. Il faudra donc attendre que les ventes se fassent. C'est le cas le plus général.

TROISIÈME PARTIE

LES TACTIQUES DU SUCCÈS

Maintenant que vous avez compris les stratégies à mettre en place pour aller vers le succès, passons aux conseils plus concrets, les actions de tous les jours. Ce qu'on appellerait les techniques dans certains domaines, mais que je préfère qualifier de tactiques pour ce qui est d'amener votre livre vers le succès.

En gros, les quelques chapitres suivants répondront à la question : « Maintenant que j'ai compris les stratégies, concrètement, je fais comment ? »

La liste des tactiques suivantes ne se voudra pas exhaustive. Mais elle répondra déjà à beaucoup de cas concrets, dans le cadre des stratégies évoquées précédemment.

17 – Comment savoir si mon livre se vend ?

Est-ce que votre livre se vend ? C'est une grande question que vous vous posez, que vous soyez édité par un éditeur ou en autoédition. Il est toujours intéressant d'avoir une idée en cours de route, pour savoir si vos efforts déployés portent ou pas leurs fruits. En autoédition, les plateformes mettent en général des compteurs à votre disposition. Mais avec un éditeur, il faut bien souvent attendre la reddition des comptes en année N+1.

Amazon comme indicateur

Vous ne pouvez pas connaître précisément le nombre de ventes de votre livre avant que vous ayez eu un relevé, soit de la part de votre éditeur, soit, si vous êtes en autoédition, de la part de la plateforme par laquelle vous passez. Néanmoins, vous pouvez avoir régulièrement une estimation qui vous permet de savoir si votre livre se vend ou pas.

C'est très simple : vous allez sur Amazon – je rappelle qu'Amazon représente environ un cinquième des ventes de livres en France, donc ça vous donne une très belle indication – puis vous tapez le nom de votre livre : en faisant défiler la page, vous allez trouver l'encart « détails sur le produit » (nombre de pages, éditeur, etc.). Et dans ces détails, vous avez un classement des meilleures ventes d'Amazon.

Détails sur le produit
ASIN : B07S3D939G
Éditeur : Jdh Editions (16 mai 2019)
Langue : Français
Broché : 444 pages
ISBN-13 : 979-1091879668
Poids de l'article : 508 g
Dimensions : 14 x 2.29 x 21.59 cm
Classement des meilleures ventes d'Amazon : 3,544 en Livres (Voir les 100 premiers en Livres)
1 en Histoire de la pensée économique (Livre)
5 en Guides pratiques bourse et finance
7 en Promotions et augmentations
Commentaires client : ★★★★☆   3 102 évaluations

Ci-dessus, nous avons un livre bien classé. La 3544ᵉ place est une très bonne place ! Prenons un livre classé 623 705ᵉ. C'est un très mauvais classement. Qui signifie que ça fait longtemps que ce livre ne s'est pas vendu.

En effet, le classement d'Amazon se fait par un certain nombre de points, et ces points sont attribués d'une manière assez précise : vous avez le nombre de ventes qui ont été faites sur les 24 dernières heures, qui compte pour 50 % du nombre de points ; sur les 24 heures d'avant, c'est 25 % ; sur les 24 heures encore d'avant, c'est 12,5 %, etc. Autrement dit, ça vous permet de savoir si un livre ne s'est pas vendu depuis longtemps.

L'expérience que j'ai de l'édition me montre que lorsque vous êtes à peu près vers la 4 000ᵉ place, cela veut dire que vous vendez approximativement trois, quatre livres par jour. Et quand le classement est régulier, si vous êtes tous les jours 4 000ᵉ, 5 000ᵉ, 3 800ᵉ, 6 200ᵉ, dans ces eaux-là, ça veut dire que vos ventes ne faiblissent pas, que vous vendez toujours trois à quatre livres par jour, ce qui n'est pas mal du tout, parce qu'en un an, ça vous fait plus de mille ventes. C'est donc déjà un très bon chiffre de ventes. Et qui ne concerne qu'Amazon ! Que vous pouvez en général doubler pour avoir une idée de vos ventes totales dans l'année.

Sauf sur des livres sur la bourse, le trading, l'immobilier, ou même la sexy-romance, qui se vendront beaucoup moins ailleurs que sur Amazon.

Si votre livre est classé autour de la 1 000e place, c'est que vous en vendez 6 à 8 par jour, selon mes estimations. La 500e place correspond environ à une dizaine de ventes sur 24 heures, et quand ça baisse, ça veut dire que vous en avez moins vendu sur les dernières 24 heures.

Mais quand vous êtes 600 000e, 400 000e, 500 000e, 300 000e, ça veut clairement dire que votre livre ne se vend pas et qu'aucune vente n'a été réalisée depuis longtemps.

Quand vous êtes 50 000e, 60 000e, 70 000e, ça veut dire que votre livre s'est vendu, mais qu'il ne s'est pas vendu depuis un certain temps, parce que si votre livre s'est vendu dans les 24 dernières heures, même une seule fois, vous remontez tout de suite vers la 15 000e, 20 000e place. Cela dit, un classement régulier dans les 50 000 premiers n'est pas mauvais, car il signifie qu'il y a régulièrement des ventes. Un livre qui se situe toute l'année entre la 10 000e et la 50 000e place correspond en général à quelques ventes par semaine, donc 100 à 300 par an.

Un de nos livres a longtemps été classé dans le Top 5 Amazon (cf. chapitre 10). D'expérience, cela correspond à plus d'une centaine de ventes par jour.

Tout ça reste une estimation très vague pour savoir si votre livre se vend ou pas, elle n'est, bien entendu, pas précise ni scientifique.

Edistat : la base de données des pros

En plus d'Amazon, il existe un moyen plus pointu de connaître et vérifier vos ventes : Edistat. C'est un site indépendant et il s'agit de statistiques de l'édition, comme son nom le laisse suggérer.

Edistat un site payant, contrairement à l'accès du classement des ventes Amazon.

Sur Edistat, vous avez une estimation très fine des ventes que vous avez réalisées sur votre livre, et vous devrez donc payer 5,40 euros pour avoir une estimation de ces ventes.

Il ne faut pas y aller régulièrement, je vous conseille d'y aller six mois après la sortie de votre livre, parce que c'est là que vous pourrez commencer à avoir une fourchette d'estimation intéressante, et vous aurez une estimation très fine du nombre de ventes réalisées au consommateur final sur les mois qui ont précédé, donc depuis la sortie de votre livre jusqu'au moment où vous faites la requête sur Edistat.

Cette estimation n'est pas strictement parfaite : j'ai eu tendance à constater qu'Edistat sous-estime légèrement les ventes de livres, il y en a certainement qui lui échappent ; bien que ce soit basé sur les codes-barres, donc les ventes réelles effectuées au consommateur final, j'ai le sentiment qu'il y a une légère sous-estimation. Et bien sûr, Edistat ne tient pas compte des ventes réalisées sur les librairies en ligne des maisons d'édition.

Ce qui est sûr, c'est que si Edistat vous dit que vous avez fait 1 000 ventes, vous ne serez pas déçu ; vous pourrez être surpris en apprenant que vous en avez fait 1 200 ou 1 300, mais vous n'aurez jamais la mauvaise surprise d'en avoir fait 400 ou 500.

Avec Edistat, on est donc sur quelque chose de plus rigoureux que le classement des ventes Amazon, mais, encore une fois, c'est payant, et attention : ça concerne les ventes au consommateur final, il ne prend donc pas en compte les ventes qui sont faites par l'éditeur aux libraires, car il se peut qu'un libraire achète dix livres à l'éditeur et que, finalement, il n'y ait que trois consommateurs finaux qui achètent le livre. Donc, sur Edistat, vous aurez trois ventes, alors que pour votre éditeur, il y en aura dix. Mais sur les dix ventes en question, il peut très bien y avoir des retours ; s'il n'y en a eu que trois au consommateur final, il y aura peut-être cinq, six ou sept retours.

Le classement Amazon et Edistat sont les deux bases de données les plus consultées de la profession : libraires, éditeurs, mais aussi médias. Un auteur qui vise le succès ne peut faire l'impasse sur ces sources.

18 – Un book-trailer pour mon livre

Un phénomène qui envahit le web en ce moment est celui des « book-trailers », ces sortes de bandes-annonces de votre livre en vidéo. Un peu à la manière d'un teaser cinématographique, les book-trailers permettent de faire remarquer un livre, en donnant une ambiance, afin d'attirer le lecteur. Ils sont particulièrement adaptés aux catégories comme la romance, le fantastique, la fantasy ou les thrillers, mais s'accommodent très franchement moins de la littérature générale.

Pour certains essais, certains pamphlets, le book-trailer peut être un plus. Particulièrement dans le cas où votre texte dénonce quelque chose.

Un book-trailer ne servira votre livre que s'il est abondamment diffusé. Une diffusion sur votre page Facebook, ou votre compte LinkedIn, qui comptent chacun 2 000 ou 3 000 membres sera un bon début, mais certainement pas suffisant pour générer des ventes en pagaille. N'oubliez pas que les taux d'achat par rapport à une cible publicitaire, quelle qu'elle soit, sont très faibles ! De l'ordre de un pour mille, et encore ! Il faudra donc faire appel à des réseaux de diffusion, à une grande variété de groupes de lecture, voire à des web TV qui accepteront de le diffuser.

Un book-trailer, pour avoir ses chances d'atteindre la cible, doit être réalisé de manière professionnelle. Soyons clairs sur ce point : si vous n'avez pas les compétences pour le réaliser, si vous n'avez pas autour de vous des relations capables de réaliser un véritable montage vidéo de 1 min 30 à 3 min, autant ne rien faire. **Un book-trailer raté sera pire que de ne rien faire : il décrédibilisera d'emblée votre propos.**

Bien sûr, vous pouvez vous adresser à des professionnels. Mais cela a un coût. Une bonne réalisation coûte entre 250 et 400 euros. Car cela demande du temps et des recherches. Dans ce cas, vu que le professionnel en question ne va pas forcément lire la totalité de votre livre, il faudra lui indiquer les points clés, lui proposer un synopsis de 2 pages environ, et lui indiquer surtout l'ambiance que vous souhaitez donner. Qui doit absolument coller à votre texte. Car, une fois de plus, n'oubliez pas que la règle de base d'une communication réussie est de ne jamais tromper le lecteur…

Attention : investir 250 à 400 euros dans la réalisation d'un book-trailer ne vous permettra pas forcément d'amortir cet investissement ! Vous ne devez pas partir sur l'idée que cette vidéo va générer des ventes, mais qu'elle sera un atout pour contacter la presse… Et si vous la faites réaliser avant la publication de votre livre, pourquoi ne pas l'envoyer à l'éditeur que vous avez choisi ? Recevoir un book-trailer permet à l'éditeur, d'une part, de constater que vous êtes un auteur moderne et investi, et d'autre part, de se rendre compte rapidement du sujet de votre ouvrage.

Mais si vous comptez sur votre éditeur pour réaliser un book-trailer une fois votre livre publié, revenez sur terre ! Un éditeur n'est pas un réalisateur ! Ce travail de promotion incombe de toute façon à l'auteur, même si l'éditeur peut alors vous conseiller ou vous aider, via ses réseaux, ses médias, à diffuser votre séquence.

Les tactiques du succès

À titre d'exemples, voici 3 book-trailers réussis, réalisés (directement ou indirectement) par nos auteurs.

– *La tueuse de Manhattan*, qui, comme son nom l'indique, est un polar. L'auteur s'est d'ailleurs lui-même mis en scène :

– *La deuxième plume de Franck Bel-Air*, un thriller :

– *Le meurtre du bon sens*, qui est un essai pamphlétaire dénonçant les dérives autoritaires de la crise sanitaire. L'auteur a voulu faire un parallèle avec *1984* de George Orwell :

Sur des livres pédagogiques et/ou pratiques, l'auteur a intérêt, tout simplement, à se mettre en scène pour présenter son ouvrage, dans un décor simple mais efficace, qui constitue un cadre, mais ne doit pas monopoliser l'attention du spectateur. Prenons l'exemple suivant plutôt réussi :

Enfin, ne pas hésiter à faire appel à des musiques ou des visuels connus, comme pour le livre mystique *L'ultime secret de l'univers*, dont le book-trailer fait allusion à 2001, *L'Odyssée de l'Espace* :

Important : les musiques de fond sont indispensables. Cependant, ne pas utiliser de chanson contemporaine, car vous pourriez être attaqué par la SACEM ou autre institution ; choisissez une musique libre de droits (vous en trouvez sur Internet), ou bien une musique classique (non une réinterprétation) comme dans la dernière vidéo ci-dessus.

19 – Comment réussir une dédicace pour mon livre ?

Une dédicace, c'est un moment privilégié, c'est le moment où l'auteur va à la rencontre de ses lecteurs, et nous avons tous en tête le rêve d'avoir une queue de lecteurs ou de lectrices qui sont là à attendre qu'on leur dédicace le livre. Ça, c'est un petit peu ce qu'on voit dans les clichés, pour les auteurs extrêmement médiatisés, mais en général, ça ne se passe pas comme ça. La plupart du temps, lorsqu'un auteur va faire une dédicace dans une librairie ou dans un centre Cultura, Fnac, E.Leclerc ou autres, il se peut qu'il reste une matinée ou un après-midi à une table avec ses livres et qu'il ait trois ou quatre personnes à qui il aura vendu un livre à la fin de la matinée ou de l'après-midi. En général, il y a un certain nombre de gens intrigués, ils posent quelques questions aux auteurs, mais quand les auteurs ne sont pas super médiatisés, quand on ne les a pas vus dans les médias ou qu'ils ne sont pas de gros youtubeurs avec des communautés entières de fans, il ne faut pas s'attendre à une queue de lecteurs ou de lectrices qui sont là pour se faire dédicacer le livre, et ce sera pareil dans les grands salons du livre ou dans les salons moins importants ; cela ne se verra que pour les auteurs médiatisés.

Néanmoins, il ne faut pas se décourager pour autant ; il est très important que vos lecteurs vous voient, que vous ayez un contact avec vos lecteurs, et lors d'une dédicace, **l'auteur doit être aussi le commercial de son livre**. Ce ne sera pas du tout cuit où les gens viennent acheter le livre, il faut aussi que l'auteur aille au-devant des potentiels lecteurs pour leur présenter son livre avec de la conviction, c'est très important. Ça reste un moment privilégié, et quand vous faites une dédicace, je vous conseille de prendre des photos, de filmer quelques moments et, ensuite, de partager à fond sur les réseaux sociaux : c'est comme ça que vous allez vous faire voir et que vous aurez plus de monde à vos prochaines dédicaces. **Le monde attire le monde, ne l'oubliez pas**. **Le succès amène le succès**.

Si vous faites une dédicace quelque part, n'hésitez pas à faire venir vos amis : même s'ils n'achètent pas le livre, ça montre qu'il y a du monde autour de votre table et, encore une fois, la foule attire la foule. Si vous avez deux boutiques qui vendent la même chose, vous en avez une qui est pleine et une qui est vide, les gens vont aller vers celle qui est pleine. Sur les autoroutes, c'est le même système : il y a un appareil de péage où il n'y a personne, un où il y a du monde, eh bien, la plupart des gens s'engouffrent là où il y a du monde, même s'ils ont tort, parce qu'ils gagneraient du temps à aller à côté. Le monde attire le monde, c'est inconscient. Donc, lorsque vous participez à une dédicace, faites en sorte d'être entouré, qu'il y ait du monde, présentez votre livre, faites-vous voir, n'hésitez pas à parler, et même à parler fort, à montrer que vous êtes là, que vous êtes présent. Le charisme ! Ayez du charisme ! Même si votre nature est la discrétion, forcez-la !

Les dédicaces sont un moment très important pour faire connaître son livre, et un moment de plaisir, puisqu'on est en contact avec les lecteurs ; la timidité n'y a pas sa place.

Les lecteurs aiment bien avoir des livres dédicacés des auteurs, c'est important de s'en rappeler.

20 – Ai-je le droit de vendre mes propres livres ?

Une question qu'un certain nombre d'auteurs se posent : ai-je le droit de vendre mes propres livres ? Tout d'abord, si vous êtes édité à compte d'auteur ou en autoédition, il est évident que, non seulement, vous avez le droit de vendre vos livres, mais vous en avez même la nécessité, puisque si vous êtes à compte d'auteur, votre société d'édition ne fera quasiment rien pour que vos livres se vendent, et si vous êtes en autoédition, vous êtes vous-même votre propre éditeur, donc c'est logique que vous fassiez la promotion de votre livre ; personne ne le fera pour vous.

Lorsque vous êtes dans un contrat d'édition classique à compte d'éditeur, est-ce que vous avez le droit de vendre vos livres ? En théorie, non, parce que lorsque vous êtes dans un contrat d'éditeur, vous déléguez à votre éditeur l'exclusivité de la vente de vos livres, ce qui veut dire que votre éditeur est le seul habilité à vendre vos livres : que ce soit via les librairies, les plateformes ou en direct, c'est l'éditeur qui a l'exclusivité de cette commercialisation. Néanmoins, dans la quasi-totalité des contrats d'édition, il y a une clause selon laquelle l'auteur peut acheter des livres avec une remise (20 %, 30 %, parfois 35 %, voire plus dans certains cas très particuliers, cela dépend des éditeurs et du prix des livres) ; donc, on peut se dire que s'il y a cette clause où on peut acheter ses livres avec une grosse remise, ça signifierait peut-être que l'éditeur accepterait que l'auteur les vende, sinon, quel intérêt ? En général, la quasi-totalité des éditeurs ne vous diront rien si vous achetez effectivement un stock de quelques livres avec la remise et que vous les vendez dans votre cercle privé, famille, amis, lors de soirées dédicaces chez vous, voire même dans des petits salons, du moment que cela reste assez proche de chez vous, qu'on reste dans quelque chose d'assez privé, d'assez intime. Donc, du moment que votre livre n'est pas en vente sur Internet ou autre, il ne vous dira rien. Bien au contraire, il se satisfera que vous achetiez des livres en direct !

Cependant, vous n'avez pas le droit de monter un site internet de vente de votre propre livre, etc.

Pour ce qui est de notre maison d'édition communautaire JDH Éditions, nous faisons un petit peu exception à la règle, puisque non seulement nous autorisons nos auteurs, mais nous les encourageons à vendre leurs propres livres. S'ils veulent monter une petite boutique sur Internet, en les prévenant qu'à ce moment-là, c'est à eux de faire toutes les déclarations fiscales nécessaires, nous les y encourageons. Nous les encourageons également à acheter un petit stock de livres pour les revendre dans un cercle d'amis, pour participer à de petits salons proches de chez eux, pour les vendre sur Internet, essayer de les placer dans des librairies ou autres, et nous allons même plus loin : nous fournissons aux auteurs, à leur demande, des flyers pour appuyer cette vente de livres. Pourquoi faisons-nous cela ? Parce que nous sommes une maison d'édition communautaire et parce que nous considérons vraiment qu'à l'époque où nous vivons, le fait que le livre circule, que les auteurs le montrent, le vendent, cela lui donne de la visibilité, aidera à développer les ventes sur les plateformes et à faire connaître le livre : cela fait partie de la promotion du livre, il ne faut pas être figé à une autre époque, et il est tout à fait acceptable dans les années 2020 que les auteurs vendent leurs propres livres et encaissent la marge.

Attention : les auteurs n'ont pas le droit de les vendre en dessous du prix affiché, en tout cas avec maximum 5 % de remise, selon la loi Lang.

21 – Les 5 règles d'or pour convaincre un libraire d'acheter vos livres

La plupart des auteurs aiment aller voir des libraires pour les démarcher, pour dire que leur livre est en vente et que le libraire a intérêt de l'acheter. C'est une fierté d'être écrivain !

Hélas, bien souvent, les auteurs peuvent être déçus des réactions des libraires. Il y a donc des règles d'or pour convaincre le libraire d'acheter vos livres.

– Première règle d'or : attendre que le livre soit en vente sur les principales plateformes, et éventuellement aussi d'avoir le livre en main, donc attendre trois ou quatre semaines après la publication du livre. Il est préférable d'avoir son livre en main, afin que le libraire voie à quoi il ressemble… ou ne serait-ce qu'il existe ! Et le fait qu'il soit en vente sur les principales plateformes rassurera le libraire, que ce soit sur la Fnac, Amazon, les sites de grandes librairies comme Decitre, Furets du Nord, Cultura, etc. Donc, attendre trois à quatre semaines après la date officielle de publication pour que ça se mette en place sur l'ensemble de ces plateformes, ce sera plus crédible pour aller voir les libraires et qu'ils achètent votre livre.

– Deuxième règle d'or : allez-y avec humilité mais assurance. Vous êtes fier de votre livre, vous croyez en votre produit, vous croyez qu'il a un potentiel de vente (il ne faut pas oublier que vous y allez un peu en tant que commercial pour votre livre), et il faut que vous arriviez à convaincre le libraire que votre livre a un potentiel de vente, parce que le libraire est certes un amoureux des livres, mais c'est aussi un commerçant, il doit être convaincu de vendre les produits qu'il achète, c'est normal. Donc, allez-y avec assurance, mais humilité ; vous n'avez pas fait le best-seller de l'été, ou de l'hiver, ou de la rentrée, donc n'y allez pas en mode : « Moi, j'ai fait le best-seller qui va faire des milliers de ventes. » On va vous prendre pour un hurluberlu et c'est clair et net qu'il trouvera un bon prétexte pour ne pas commander votre livre.

– Troisième règle d'or : allez-y avec le plus de documents possible concernant votre livre. S'il y a de bons commentaires, sur Amazon ou d'autres sites, par exemple, n'hésitez pas à les amener. S'il y a des articles de presse concernant votre livre, vous marquez des points ! C'est pour cela qu'il faut attendre un peu avant d'aller voir les libraires. Les articles de presse, c'est un très bon point. S'il n'y a pas d'article de presse, il y aura forcément du matériel que vous pourrez amener, déjà sur les médias de votre éditeur, s'il a des médias internes.

– Quatrième règle d'or : si le libraire vous parle de dépôt-vente, vous dites non ; avec le sourire, bien sûr, ne vous braquez pas. Le dépôt-vente, c'est pour les « petits bras », ce n'est pas pour vous. C'est pour les auteurs inconnus qui publient chez des éditeurs inconnus.

– Cinquième règle d'or : si vous êtes édité en impression à la demande (autoédition ou une maison comme la nôtre), il y a alors des mots magiques à sortir aux libraires. Quels sont-ils ? *Electre*, *Dilicom*, *SODIS* et *retours*. Explication, car vous n'allez pas simplement balancer ces mots à la tête du libraire. Une fois de plus, je vais prêcher pour JDH Éditions, car je ne peux pas savoir exactement comment fonctionne chaque éditeur. Nos livres sont disponibles sur Electre et Dilicom, qui sont les catalogues par lesquels passent les libraires, donc c'est très important pour le libraire que votre livre soit disponible sur ces catalogues. Que votre livre soit distribué par la SODIS, qui dépend de Gallimard et qui est un des plus gros distributeurs de livres en France, et que la SODIS accepte les retours, c'est ce qui va rassurer le libraire.

Il se peut que le libraire regarde et vous dise : « Ah, mais c'est en impression à la demande. » Eh bien oui, c'est en impression à la demande. Alors, il vous dira : « En impression à la demande, il ne peut pas y avoir de retours. » Vous lui rétorquerez d'appeler le service client de la SODIS (ou autre distributeur par lequel vous passez) et de donner la référence de votre livre. Il faut que le libraire soit rassuré. Les retours le rassurent. Car cela signifie que s'il en achète dix et qu'il n'en vend qu'un seul, il pourra retourner les neuf restants ; c'est très important pour le libraire. Seulement, vous ne serez payé que sur l'exemplaire vendu réellement. Vous devez le savoir.

Ce sont donc les cinq conseils clefs. Maintenant, ne pas oublier que le libraire a un espace de vente limité, donc mettez-vous à sa place : son espace de vente fait 30, 40, 100, 200 m², il y a en France 80 000 nouveautés par an, il y a 750 000 références, donc, votre livre, c'est un parmi tant d'autres, mais mettez-le en avant.

Sur les grandes librairies, vous pouvez aussi procéder par téléphone. Cela peut vite s'avérer long et fastidieux, mais peut valoir la peine. Comment procéder ? Sur Internet, vous rechercherez les numéros de téléphone de Cultura, Furets du

Nord, Centres Culturels Leclerc, etc. On vous demandera : « Vous êtes l'auteur ? » Et vous expliquerez que oui. Vous n'avez pas les personnes du premier coup ; en général, il faut rappeler trois ou quatre fois avant de les avoir, parce que le responsable, qui, seul, peut commander le livre, n'est pas toujours là. Généralement, quand vous lui donnez le « gencode » de votre livre (indiqué au dos), c'est bon signe ! Il faut donc avoir ce code sous la main, pour ne pas le laisser attendre. Bien sûr, il faut un peu faire l'argumentaire, mais pas trop, montrez-vous sympathique, puis, avec un peu de chance, il passera commande avec vous en direct sur son ordinateur après avoir consulté Electre ou Dilicom.

Important : si votre éditeur (c'est le cas de JDH Éditions) a un accord avec son distributeur qui permet les retours, n'hésitez pas à demander un certificat attestant cela à votre éditeur. Cela facilitera les démarches auprès des libraires. Si vous êtes en autoédition, ce sera plus compliqué de placer vos livres avec ces grandes enseignes. C'est là que l'autoédition a ses limites…

Conseil précieux de ciblage ! Évitez les petits libraires : plus ils sont petits, moins ils ont de place et donc plus ils gardent cette place pour les best-sellers d'auteurs hyper connus. Privilégiez les Cultura et Espace Culturels Leclerc, plus ouverts. Exception à cette règle : si votre livre est très spécialisé (ésotérisme, médecine…), ce sont par contre les petites librairies très spécialisées dans ces domaines qui feront l'affaire.

22 – Vendre à des comités d'entreprise

Une fois de plus, dans les années 2020, l'auteur doit intégrer une dimension commerciale dans sa démarche. Et pourquoi pas les comités d'entreprise ?

Si vous voulez proposer vos livres à des comités d'entreprise, la démarche la plus simple est de téléphoner à l'entreprise concernée (les entreprises concernées par des comités sont celles ayant en moyenne un peu plus de cinquante salariés ; il peut y en avoir avec moins de salariés, mais l'idée est quand même de viser un peu plus gros, car plus vous visez gros, plus grosse pourra être la commande).

La démarche est alors la suivante : téléphonez à l'entreprise, demandez la secrétaire de direction ou la personne de l'accueil qui est en charge du comité d'entreprise, puisqu'il y a une personne qui est déléguée au comité d'entreprise dans chaque entreprise, qui est responsable du comité d'entreprise, donc vous n'aurez pas forcément son numéro de téléphone, vous ne l'aurez pas forcément directement, mais au moins, vous aurez son adresse email. Vous expliquez que vous êtes auteur, que vous avez une proposition à faire, que vous êtes inscrit dans un groupe d'auteurs, que vous proposez vos livres, avec une réduction pouvant aller jusqu'à 20 ou 25 % maximum, que les commandes se font soit par le biais de votre maison d'édition, soit en direct avec vous. Après tout, vous pouvez acheter à votre éditeur un stock avec 30 % de remise, que vous aurez préalablement vendu avec 20 % de remise ! Si vous procédez ainsi, relisez bien votre contrat d'édition et regardez quelle est la remise. Placez-vous 10 %

au-dessus de la remise consentie par votre éditeur. Si elle est de 25 %, consentez 15 % au comité d'entreprise. Évidemment, pour les autoédités, vous pourrez facilement faire le calcul en regardant vos conditions d'achat.

La personne du comité d'entreprise, si elle est intéressée, va demander à avoir des livres ou des extraits, donc vous pouvez en envoyer, mais vous pouvez procéder par un envoi électronique en PDF. Si ça l'intéresse, elle va commander un certain nombre de livres, ou pas. Il y a deux options : soit elle prend un livre de chaque, elle le laisse sur la table du comité d'entreprise et les gens regardent, remplissent une feuille et commandent, soit elle les prend directement, elle vous passe une commande, et si elle a passé les dix premiers sans problème, il pourra y en avoir d'autres par la suite.

CONCLUSION

Le métier du livre évolue. Ce qui fut hier ne sera pas demain, même si des constantes existent. La plus belle constante étant le livre lui-même. Cet objet qui transcende les époques. Et les transcendera encore longtemps. On pensait que l'e-book allait le remplacer ? Il s'est installé à moins de 10 % du marché. Puis vint la mode de l'audio-book… Il se cantonne à quelques pour cent. Restant anecdotique. D'ailleurs, il n'y a pas été fait allusion dans ces pages. Ces produits se sont certes installés, mais de manière marginale. Non en remplacement, mais en complément du livre.

Car le livre est et reste un objet matériel, qui peut garnir une bibliothèque, aux côtés d'alcools et de cigares. Un objet qui traverse le temps. Qui est le témoin d'une époque. Un livre peut être dédicacé, et une dédicace reste gravée pour plusieurs années, voire plusieurs siècles. D'ailleurs, certains livres d'occasion dédicacés peuvent prendre beaucoup de valeur, non par pure spéculation financière, mais par affection vis-à-vis de l'objet ! Comme ce livre de Michel Audiard, de 1978, qui se vend à plus de 300 euros. Le record du monde est détenu par *Bay Psalm Book*, un livre de psaumes datant de 1640, le premier ouvrage imprimé sur ce qui allait devenir le territoire américain ; il a été adjugé à 14 millions de dollars lors d'une vente aux enchères ! Quid d'un e-book ou un audio-book ? Ce sont des produits froids, c'est comme lire un article sur Internet. Sans dédicace, rien… Et qui peut imaginer (aujourd'hui du moins) qu'un e-book ou un audiobook puisse être vendu aux enchères ?

Décidément, le livre est irremplaçable, même si une bibliothèque prend de la place, dans des espaces de vie urbains de plus en plus petits. Mais la mode post-Covid n'est-elle pas à l'agrandissement des espaces de vie, plus loin des villes ? Non, le livre ne sera pas enterré. Il mute, mais persiste et signe.

L'éditeur donne vie à cet objet, le porte, le pousse… Mais au bout du compte, ne s'efface-t-il pas ? Qui a édité *L'assommoir* ? Qui s'en souvient ? Seuls le nom de l'auteur et son témoignage, éventuellement sa dédicace, traversent les époques. L'éditeur est un passeur. D'ailleurs, au bout de 70 ans, toute publication tombe dans le domaine public. Entrant dans le patrimoine de l'humanité. À jamais.

Et le livre, comme tout objet, nécessite de la main-d'œuvre, qu'il faut rémunérer. Un livre a donc un prix, un coût de fabrication. Le comprendre, l'accepter, le respecter, sera une base importante au succès. Car vous respecterez votre livre. Tout simplement.

Et comme cela a été dit et répété dans ces pages, l'auteur est le meilleur ambassadeur de son texte. Lui seul peut le défendre, et faire corps avec son œuvre. Aujourd'hui plus encore qu'hier. **L'auteur doit mouiller sa chemise** ; vis-à-vis des libraires, de la presse, sur les réseaux sociaux, auprès de sa communauté ou celle qu'il va se créer pour l'occasion…

Ces pages sont finies. Elles ont été écrites en 2021, donc à une certaine époque, teintée par une crise sanitaire, identitaire, sociale, une crise de modèle, tout simplement.

J'espère qu'elles vous auront permis d'y voir plus clair, et d'avoir de nouveaux horizons pour faire de votre livre un succès ou pour créer un livre à succès !

Témoignage d'auteur :
Thomas Andrieu

« *Je dois à l'édition tout ou presque de ma vie actuelle, c'est pour cela que j'écris ces mots.* »

Décembre 2020, Thomas Andrieu

21 octobre 2019. Après plusieurs mois d'écriture, de réécriture, de travail et de perspicacité, je me suis décidé à envoyer de nouveau mon manuscrit. Le total inconnu que j'étais avait tout juste 16 ans… Ma seule motivation n'était pas celle du succès, ni celle de l'argent, ni celle du prestige. Ma seule vraie motivation était celle, par simple folie ou pure audace, de tenter l'improbable. Et ainsi, par ce geste de désespoir ou de pure ambition, partager à une petite partie du monde ce que j'avais à dire (et à faire).

24 octobre 2019. Par une simple réponse éditoriale, je comprends ce jour-là que l'auteur-éditeur que j'ai convoité est à ma portée… De ce petit rêve en viendront des plus grands. Toujours plus ambitieux. Toujours plus audacieux. Toujours plus enivrants… La dynamique du succès ? … Probablement.

Il y a d'abord ces mois d'attente avant la première publication. Cette fameuse première publication où l'adrénaline est à son comble. À ce moment-là, tout est à apprendre ou presque, surtout à 16 ans. À cet instant précis, on comprend que l'auteur n'a rempli que la moitié de sa mission. Écrire, c'est bien ; faire savoir qu'on écrit, c'est mieux.

Quand je suis arrivé dans cette vaste jungle d'auteurs, j'étais déterminé à partager ce que j'avais à dire et à écrire. En mobilisant des influenceurs du milieu économique et financier, en faisant des interviews, j'ai rapidement fait connaissance avec des centaines de personnes. De relation en relation, on m'a rapidement demandé pour des écrits sur un site, puis deux, puis trois, puis quatre, etc. Tout est allé très vite : du média économique au fonds d'investissement, en passant par le courtier… Le XXIe siècle a cette incroyable capacité (réseaux sociaux, sites, etc.) à mettre en relation plus d'individus en une année que le XIXe siècle durant toute une vie.

La singularité de la pensée, du propos et de la personne est déterminante dans l'image publique que vous formez de vous-même, contre et pour vous-même. J'écris « contre vous-même », car il y aura toujours des critiques et des erreurs dans l'image que l'auteur donne de lui. J'écris « pour vous-même », car il y aura toujours plus de soutiens dans l'image que l'auteur donne de lui. La difficulté de l'auteur, qui écrit souvent à défaut de parler, est de pouvoir s'exprimer publiquement. Cela rend le succès d'autant plus difficile que l'auteur est lucide. Bref, le succès est aussi éphémère que la vie est sereine…

Plus épanoui que jamais, je suis aujourd'hui confronté à une demande de publications toujours plus forte de la part d'une audience toujours plus grande. C'est ce qui m'a poussé à créer mon propre site (*andrieuthomas.com*) afin de me dédier à ce qui fait, en plus de mon âge, ma réelle singularité : l'étude des marchés.

L'auteur à succès n'est pas l'auteur qui fait beaucoup de ventes. L'auteur à succès est avant toute chose celui qui vit avec, pour et par ses idées, sa passion. L'auteur qui réussit est l'auteur qui transforme ce rêve de vivre de ses idées en réalité, par la seule puissance de l'expression. Oui ! C'est bien de cette puissance dont je fais l'écrit. Un livre, une publication, c'est bien plus que du papier. Le livre, c'est avant tout des rencontres fabuleuses. Ce qui me mène droit à ce magnifique constat : l'édition est un instrument qui permet cette fabuleuse symphonie des idées, de l'ambition et de la passion. Enivrant, entêtant, simplement passionnant.

AVANT-PROPOS 13
INTRODUCTION 17

PREMIÈRE PARTIE : COMPRENDRE LE MONDE DU LIVRE POUR Y RÉUSSIR 29

1 – Pourquoi dit-on « maison » d'édition ? 33

2 – Compte d'éditeur, compte d'auteur ou autoédition ? 35

3 – Qui gagne quoi sur un livre ? 41

4 – L'impression à la demande : l'avenir du livre ? 45

5 – Les circuits de distribution d'un livre 51

6 - La loi Lang, ou l'interdiction de solder un livre 53

DEUXIÈME PARTIE : LES STRATÉGIES DU SUCCÈS 57

7 – Les grandes lignes pour faire connaître mon livre 61

8 – Sur quel sujet écrire pour maximiser les chances de succès ? 67

9 – Le choix d'un titre et d'une couverture… 71

10 – Comment vous médiatiser en tant qu'auteur ? 79

11 – E-books : avantages et inconvénients 91

12 – Google Books : un mal ou un bien pour vos livres ? 95

13 – Bien utiliser Amazon.. 99

14 – Mon livre peut-il devenir un film ? 103

15 – Dois-je faire préfacer mon livre ? 107

16 – Participer à un prix littéraire..................................109

TROISIÈME PARTIE : LES TACTIQUES DU SUCCÈS 113

17 – Comment savoir si mon livre se vend ?....................117

18 – Un book-trailer pour mon livre................................123

19 – Comment réussir une dédicace pour mon livre ?....129

20 – Ai-je le droit de vendre mes propres livres ?............131

21 – Les 5 règles d'or pour convaincre un libraire d'acheter vos livres 135

22 – Vendre à des comités d'entreprise............................139

CONCLUSION 141

Découvrez les autres collections de JDH Éditions

Magnitudes

Drôles de pages

Uppercut

Nouvelles pages

Versus

Les Collectifs de JDH Éditions

Hippocrate & Co

Case Blanche

My Feel Good

Romance Addict

F-Files

Black-Files

Les Atemporels

Quadrato

Les Pros de l'Éco

Sporting Club

Les principaux livres de Jean-David Haddad

Face au monde d'après
JDH Éditions. 2020.

Petit guide de survie face aux krachs boursiers
JDH Éditions. 2020.

Stupeur et confinements. Collectif.
JDH Éditions. 2020.

Small Caps
JDH Éditions. 2019.

Tout le monde peut s'enrichir en Bourse
JDH Éditions. 2019.

Notre pouvoir d'achat est-il condamné ?
JDH Éditions. 2018.

L'économie ? Rien de plus simple !
JDH Éditions. 2018.

Comment être rentier sans quitter la France
Autoédition. 2013.

La crise jusqu'à quand ?
Autoédition. 2012.

Les placements dans le vin
Gualino-Lextenso. 2012.

Le penny-stock trading
Gualino. 2005, réédition 2007.

Quand j'ai commencé à gagner en Bourse, personne ne m'a cru
Gualino. 2003, réédition 2005 et 2007.

Pacifica
Éditions Sol'Air. 2000, réédition prochaine chez JDH Éditions.

Réussir sa seconde en Sciences Économiques et Sociales
Bordas. 1998, réédition 2000.

L'Édredon

La revue littéraire de JDH Éditions

Venez découvrir les textes de la revue

**Textes et articles dans un rubriquage varié
(chroniques, billets d'humeur, cinéma, poésie…)**

Suivez **JDH Éditions** sur les réseaux sociaux
pour en savoir plus sur les auteurs,
les nouveautés, les projets…

Inscrivez-vous à notre Newsletter sur
www.jdheditions.fr
Pour recevoir l'actualité de nos nouvelles
parutions